人文故事
RENWENGUSHI

国宝的故事

程方勇 著

河北出版传媒集团
河北人民出版社
石家庄

引言

在中华民族浩如烟海的文化遗存中，能称为"国宝"的文物都具有无与伦比的历史价值、艺术价值、研究价值与收藏价值。比如"北京人"头盖骨、后母戊大方鼎、秦始皇陵兵马俑、《清明上河图》等，这些在本书中你都将会看到。然而国宝的真正价值，在于其深厚的文化内蕴：它见证了中国悠久的历史，记载了中华民族的古老文明，联结了历史与现实的血脉。走近国宝，我们可以更直观地看到中国古代文化的发展历程，可以更深刻了解中华民族的命运兴衰；品赏国宝，可以愉悦精神，培养爱国情操，提高人文素质。这也正是编写本书的动机。

本书讲述的26件国宝，涵盖了青铜器、金器、瓷器、画作墨迹等诸多方面，有用作演奏音乐的曾侯乙编钟，有丧葬礼服金缕玉衣，有沟通天地与人间的画卷马王堆帛画……每一件国宝身上，都承载着中华民族的审美意识、社会制度、思想意识，反映出当时社会生活的方方面面。每一件国宝的背后都讲述了一段段鲜为人知的传奇故事：后母戊大方鼎有着怎样一段险象环生的出土经历？金缕玉衣为何能尸寒千年玉犹存？《韩熙载夜宴图》的成画过程究竟隐藏了怎样的奇闻轶事……

在本书的编写过程中，编者精心选配了百余幅弥足珍贵的图片，包括挖掘现场的历史镜头、国宝的展示照片以及示意解构图，图片的说明文字不仅介绍了国宝的基本情况与珍贵价值，还对其相关的背景资料做了提示，图文契合。书中还补充了文物小知识、国宝大事记等。此外，本书融入艺术理念，稳重大方的版式设计与精美简洁的装帧设计，将历史文化与艺术完美结合。

《国宝的故事》所讲述的26件国宝，对于丰富灿烂的中华文化遗存来说，只不过是沧海一粟。我们希望通过讲述这些珍贵文物的故事，使读者对中国悠久的古代文明进程，对近代中国的历史变迁有新的认识和启迪。

目录

人文故事
RENWENGUSHI

人 文 故 事
RENWENGUSHI

人 文 故 事
RENWENGUSHI

《蜀素帖》/137

金冠/161

玫瑰紫釉花盆/142

《康熙南巡图》/166

《鹊华秋色图》/147

《三希堂法帖》/171

《永乐大典》/154

《四库全书》/178

小词典

人
文
故
事

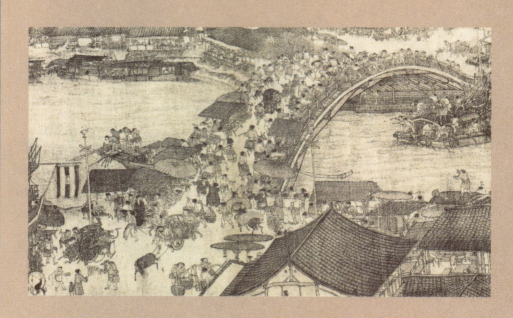

北京人头盖骨

20世纪初，周口店，这个位于北京西南50公里处，房山县境内（现房山区）的小山村，几乎没有任何知名度，典籍和地图都很难见到它的名字。1918年，伴随着一位外国人的到来，它开始名声鹊起，短短几年之间，便已经举世闻名。这个带来变化的外国人就是瑞典地质学家、考古学家——安特生。当年春天，他来到周口店被当地人称为龙骨山的北坡进行考察，试图寻找星星丝丝的远古人类遗骸。随着考察的深入，安特生发现了一些石器，很像是用来切割动物的工具。他有了一个强烈的预感：这里应该埋藏着宝贝，这里可能有中国祖先的遗骸。

北京猿人雕像：北京周口店遗址景区。

一念及此，安特生忍不住激动起来，他发誓一定要找到证明自己设想的证据。安特生没能发现北京人化石，却将无数考古学者引到了周口店。尽管安氏离开了中国，但是，后来的考古学者，却为我们揭开了北京人的神秘面纱，为我们带来了珍贵而又神秘的国宝——北京山顶洞人头骨。

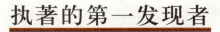

北京山顶洞人头骨（复制品）：中国国家博物馆藏。

执著的第一发现者

"北京人"的实际考古发掘，应该是从1923年开始的。当时，奥地利古生物学家斯坦斯基找到了一颗牙齿化石。但他不久就止步了，而周口店的发掘工作从此就断断续续的，一直进行着。到了1927年，人们才在周口店发现了与斯坦斯基发现的牙齿化石十分相似的另外一颗牙齿。协和医学院解剖室主任、加拿大人布达生经过认真、仔细的鉴定，确定这是一颗人类的牙齿，并据此命名了新的人类属种——"北京中国人"。有的学者们称之为"北京中国猿人"，或"北京人"。后者成为今天大家常用的称呼。

但是，仅凭一颗牙齿就确认一个新的人类属种，

1

翁文灏

翁文灏（1889—1971年），谱名存璋，字咏霓，又字永年，号君达，又号悫士。浙江省鄞县（今属宁波）石塘人。地质学家，中国地质学的奠基人。他是中国第一位地质学博士、中国第一本《地质学》讲义的编写者、中国矿物学第一本专著《中国矿产志略》的作者、中国第一张彩色中国地质测量图的编制者、中国第一位考察地震灾害并出版专著的作者之一、中国第一部《中国矿业纪要》的创办者之一，也是中国科学社、中国工程师学会、中国地质学会等学术团体的主要负责人之一，主持过中国的矿产资源调查和周口店的猿人遗址调查。1948年曾任中华民国行政院院长，期间推出金圆券，引起金融混乱和恶性通胀，声名大坏而下台。1951年从欧洲回到中国大陆。

难以令人信服。人类学的权威们对此抱着怀疑的态度。在布达生坚持不懈的努力下，洛克菲勒基金会同意出资2400万美元，帮助他们进行周口店的考古发掘，以求有更多的发现。

新的发掘工作是一项非常富有合作精神的活动，主持人由中国地质调查所所长翁文灏与布达生共同担任。他们签署了一个"国际合作"协议：在周口店采集到的一切标本都归中国所有，所有标本在不运出中国的前提下可以保存在协和医学院内，以供双方研究使用。

就是在这样的氛围下，1928年，周口店迎来了一位刚从北京大学地质系毕业的青年学生。他叫裴文中。正是他翻开了周口店历史新的一页。

裴文中本来是一个很随和，遇事无可无不可的人，自己也不知道为什么选择北京大学的理科，更不知道为什么选择地质系。上学期间，他曾做过声援五四运动的地区学生运动领袖，也曾写过深得鲁迅好评的小说。值得一提的是，经过李大钊的介绍，他还加入了中国共产党。那时，他的理想是为党办新闻事业。

到了毕业的时候，裴文中并没有找到自己想要的工作。考虑到所学的专业，他毛遂自荐，找到了当时的中国地质调查所所长翁文灏。翁并不认识这位来自河北省唐山的青年，但比较赏识他的才华。于是，他幸运地被录用，并被派到山东，研究山东的寒武纪化石，但没有取得什么研究成果。1928年春天，他又找到翁文灏，要求换换工作。这次，他被派去周口店龙骨山挖掘现场，与杨钟健和步林等共事。

龙骨山是一个低而圆的山，当地俗称化石为龙骨，山名由此而得。初到的裴文中甚至不知道什么是脊椎动物化石。一位工人领他四处观察，顺手拣起一颗牙说"这是鹿牙"，又拣起一根小骨化石说"这是鸟骨"，裴文中紧张至极，"工人都如此程度，我可怎么办？怎么管理他们？"

因为不熟悉发掘工作，杨钟健最初派给他管理工人计算账目的清闲任务。这样的工作显然不能令他满意，他希望能够参加发掘工作。他找到杨钟健，获得了参与现场发掘的许可。他谦虚好学，时时刻刻聆听着杨钟健和步林的讲解，成为他们喜欢的助手，也获得了更

多的化石知识。1928年的夏天，裴文中还
认识了布达生，"精神充足，知识渊博"
的布给了他更多的指导。

　　这时，发掘工作却遭遇了巨大的困
难，坚硬的石层挡住了前进的去路，参加
挖掘的人大多认为不会再有北京人化石出
现。1929年，一些学者陆续离开周口店，
到别处寻找远古人类化石。布达生去了西
北科学考察团，杨钟健和法国人德日进一
起去研究华北的新生代地质。只留下年轻
的裴文中主持周口店的发掘，"追求真正化石沉积的
底"。但是，执著终能获得回报。成功往往就在最后那
一小步的坚持。当坚硬的岩层被掘开之后，化石随处可
见，有水牛头骨，有野猪头骨，还有鹿角化石。他们甚
至还发现了几颗猿人的牙齿，其中的一颗犬齿，长长的
牙根和尖尖的牙冠已经显示出中国猿人的某些原始人类
特点。

　　1929年的秋天，发掘的区域在逐渐缩小，窄到不
能再窄的时候，一个新洞出现了。洞口刚刚露出，不知
深浅，裴文中腰系绳子，缓缓下到洞内，发现了数量众
多的化石。天气渐冷，按惯例该是停工的时候，但新发
现的兴奋燃起了裴文中的激情。他决定再坚持几天。

　　12月2日，下午4点多钟，一个历史性的时刻，
"北京人"第一个完整的头盖骨在沉睡了50多万年之
后，突然呈现在人们眼前。裴文中第一个发现了它。
"我的运气真好"，回忆起来，他仍然掩饰不住自己的
惊喜。他这样记载道：头盖骨一半埋在松土中，一半埋
在硬土中。那时天色已晚，若加细工作起来，我怕到晚
上也掘不出来。但是我不放心，决定用撬棍撬出。结果
呢，头骨一部分被震动而破碎了。这让我悔之不及。但
是这个机会，却使我知道中国猿人头骨的厚度，我们现
在的人，头骨比较薄，而猿人头骨异常地厚。从这一点
看来他并不像人。

　　第一发现者完全陶醉在喜悦中，写信，发电报，
告知翁文灏、布达生，"顷得一头骨，极完整，颇似
人……"

　　北京方面却并不太相信这个消息，整齐的头盖骨

裴文中之墓：北京周口店猿人
遗址博物馆科学家墓园。裴
文中（1904—1982年），字明
华，河北丰南人。中国近代著
名考古学家，中国猿人第一个
完整头盖骨的发现者。

国宝的故事

不是那么容易找到的。于是，裴文中亲自将头盖骨带回北京。他先用炭火将头盖骨烘烤两夜；然后装入行李，又裹上两床旧被，套上褥子毡子，乘长途汽车到达目的地。

裴文中的发现轰动了整个世界。头盖骨是能够证明北京猿人存在的最强有力的证据。脑量测量证明，这个头盖骨的主人已经不是猿，而是不折不扣的人！而在发现"北京人"之前，最早的化石记录是西欧的尼安德特人，距今不超过10万年。"北京人"的发现，证明在50万年前，地球上已有人类活动的足迹，将人类演化的历史记录向前推进了约40万年，所以，被称为"古人类全部历史中最有意义、最动人的发现"。此外，在"北京人"发现之前，西方学术界怀着歧视的态度，鼓吹中国无"人类发源地"。裴文中的发现，结结实实地掌了他们一嘴巴。因此，专家们说，巴掌大的北京人头盖骨，具有天大的价值。

对"北京人"化石的发掘与发现还在继续，1936年，还是周口店，28岁的地质学家贾兰坡和工人们11天之内，连续发现了3个"北京人"头盖骨化石。从1927年到1937年的11个年头里，周口店先后出土了5个比较完整的头盖骨、9片破碎的头盖骨，还有大量的下颌骨、面骨牙齿等。这些骨头来自40个不同的男女老幼。代表着一个相当完整的古人类群体。一个不大的方圆内，竟有数量、质量如此可观的考古发现，堪称奇迹。

1966年，考古工作者在周口店北京人遗址又发现了北京人头盖骨残片中的一块额骨和一块枕骨。饶有趣味的是，1966年发掘的头盖骨残片与1934年及1936年发现的第5号头骨的两块颞骨合并成一个近乎完整的头盖骨，说明它们同属一个个体。这是一个中年男性的头骨，脑容量约为1140毫升，具有"北京人"的典型特征，但又具有比其他"北京人"更为进步的性质。

"北京人"头盖骨的发现，有力地否定了几千年来占统治地位的"神创人"学说，也将裴文中、贾兰坡等考古学家永远地联在了一起。是他们的执著与辛勤，使我们能够切实地勾画人类先祖的貌容。

"北京人"复原像：北京人前额低平而后倾，眉崤突起，鼻子扁平，吻部前伸，下巴很小。从外表看，北京人头部较多地保留了猿的特征，但他们的大脑远比现代的猿完善。

失踪之谜

　　"北京人"头盖骨带给世界巨大的震动与欣喜，也为世人留下一个至今不解的谜团，令无数中国人怅惘不已。

　　1937年7月7日，卢沟桥事变爆发。两天后，周口店发掘工作就被迫停止。工作人员撤回协和医学院，着手整理、研究出土的化石。从1941年开始，日军开始侵扰美国在华机构，协和医院也难以幸免，化石的安全受到威胁。在这种情况下，保管化石的新生代研究室必须为"北京人"化石寻找安全的保存场所。怎样保证"北京人"的安全呢？

　　大家议出三种方案。一是把化石运到抗战期间的大后方重庆，但是兵荒马乱，让化石长途跋涉，难以让人放心；二是在北京就地掩埋，但当时的北京，已毫无秘密与安全可言；三是送往美国暂时保存。最后，大家一致选择了第三套方案。化石运走前，先得包装。为"北京人"包装的任务落到研究室的胡承志身上。据这位尚且健在的老人回忆，化石装箱时间大约在1941年12月8日珍珠港事件爆发前的18天到21天之间。化石被装在两只没有上漆的白色大木箱里。木箱一大一小，大的长48英寸、宽22英寸、高11英寸；略小一点的长45英寸，宽和高均为22英寸。化石的包装极为考究，整整包了6层：第1层是擦显微镜用的细棉纸；第2层是稍厚的白绵纸；第3层是医用吸水棉；第4层是医用细棉纱；第5层是白色粉莲纸；第6层用厚厚的白纸和医用布紧紧裹住。包完之后将化石装入小盒，并用棉花将小盒填满。木箱内6面都垫有弹性很好的黄色瓦垄纸数层。小盒逐一放入木箱后再用木丝填满。化石全部装完，胡再封盖、加锁，并在两个木箱的外面分别标上"CASE1"和"CASE2"的字样。

　　半个世纪过去了，老人清晰地记得当年的每一个细节。那时，他怎么也不会想到，他竟然会成为这批国宝最后的目击者。

　　化石的运送是秘密进行的。1941年12月初，装有"北京人"化石的两个木箱被移交给即将离开北京撤回美国的美国海军陆战队。两箱化石标本被分别装到美军专用的标准化绿色皮箱中，和所有的退伍军人行李一起，放在行李箱中托运。当时，负责携带化石的是美军医弗利和他的助手戴维斯，但是，只有弗利一人知道化石混在行李中，戴维斯并不知情。12月5日，木箱和其他美军行李一起被装上一辆物资专列，匆匆驶到秦皇岛。美国军队原计划在秦皇岛改乘8日到港的该国轮船"哈里逊总统号"回国。不巧的是，12月8日爆发了珍珠港事件，"哈里逊总统号"轮船在从马尼拉开往秦皇岛的途中，被日本人击沉于长江口外。日本军队迅速出动，占领了北京、天津等地，这批等待装船运往美国的物资落到日本军队的手中，弗利、戴维斯也被日军俘虏。当时每人只许携带为数不多的个人用品，包括木箱在内的行李只能留在兵营里。

几天后，弗利二人被释放。大约一两个星期后，这些行李从秦皇岛返回天津，弗利取回他的大部分行李。当他打开私人行李时，发现装有北京人化石的箱子依然还在（看样子未被日军打开过），但弗利并没有打开做一番检查。此后，弗利在天津疏散了行李。据他称，这些行李分别保管在3处：瑞士人在天津开设的仓库，法租界上的巴斯德研究所，以及几个熟识可靠的中国朋友那里。就这样，化石失去了踪迹。

日本投降后不久，即将劫掠到东京的一批古人类化石，连同劫掠的发掘工具一起，移交盟军当局以便归还中国。然而，在中国政府从盟军总部接收到的日本归还物品清单中，却没有"北京人"化石的踪影。

这批人类珍贵的文化遗产在战乱后悄然出世，又在硝烟弥漫的战火中神秘地失踪了。

从此，关于头盖骨的寻找一直没有终止。

"北京人"究竟下落何处？一直存在很多猜测。很多人认为日本人收藏了头盖骨，因为在当时，日本是北京与天津的实际占领者。日本人封禁和搜查了协和医院。"北京人"失踪的消息也是由日本东京大学教授长谷部言人和高井冬二发布的。日本人对"北京人"的寻找格外卖力，几乎所有参与发掘工作的人员都受到过日本人的审查。裴文中也被他们关了48天。他们似乎在传达这样的信息：日军并没有发现头骨化石。

但是，很多人并不这样想。日本投降后，裴文中立刻致力于"北京人"化石的追寻。他先后致信中央地质调查所的翁文灏等人，称"北京人"标本失踪，并指出日人长谷部言人和高井冬二曾到北京、秦皇岛、天津及各处寻找，均无结果。他怀疑标本可能被日本得到，却故作不知，所以，他请赴日调查团注意"北京人"的相关事项。中央地质调查所也曾在给经济部文稿中宣称，1945年12月的北平版《大公报》及1946年1月的北平《英文时报》路透社讯均报道，被劫持的"北京人"就在日本。因此，翁文灏也曾致信美国的马歇尔将军，请求日本归还北京人化石及周口店其他被掠文物。

结果可想而知，日本人并不承认此说。2003年12月5日，原藏于民国中央地质调查所档案的11封信件和7份剪报附件——都是裴先生与遗失事件相关人员的中英文通信——在南京展出。遗憾的是，这些信件也不能给出确切的答案。

1992年，著名人类学家周国兴与日方有关人士成立了"回归北京猿人化石委员会"。不久，线索出现了。有人称，当时驻丰台日军的一个士兵可能知道情况，但那个士兵只留下电话就被家人拉走，再也联系不上。周教授曾设法与高井冬二联系，希望他能为寻找"北京人"尽力。高井冬二委婉地拒绝了见面的要求。"北京人"在日本的线索就这样中断了。

也有人通过整理相关材料，指出"北京人"头盖骨确实为日本人所得，但并未被带回日本本土，因为运载化石的阿波丸号被击沉了。阿波丸号是一艘万吨级货运船，经日本军队巧妙改装成非军用船只，装载大约600吨的军火及飞机零件，于1945年3月28日，从新加坡驶向日本。4月1日午夜时分，该船行至我国福建省牛山岛以东海域，被美军潜水艇"皇后鱼号"发现，遭到数枚鱼雷袭击，3分钟后迅速沉没。全船2009名乘客、船员中，只有厨师下田勘太郎一人幸免。这只沉船引起了后人极大的关注。因为它载有金锭40吨，白金

1966年北京人头盖骨发现处：北京房山周口店北京人遗址。

郑孝胥

郑孝胥（1860—1938年），近代政治家、书法家、诗人，福建福州人。1882年（清光绪八年）举人，曾历任广西边防大臣，安徽、广东按察使，湖南布政使等，曾参与戊戌变法、立宪运动。辛亥革命后以遗老自居，致力于溥仪的复辟。1932年任伪满洲国总理兼文教部总长等。他的书法工楷、隶，尤善楷书，风格清刚、遒劲、凝炼。他还是诗坛"同光体"倡导者之一。

12吨，未加工的宝石15万克拉，美、英及香港货币数捆，工艺品40箱，锡3000吨，钨2000吨，铝2000吨，钛800吨，橡胶2000吨。更有吸引力的是，阿波丸可能携带着北京人化石。经过初步打捞，已发现了伪"满洲国"政要郑禹（奉天市长，伪满元老郑孝胥之子）的家藏小官印（玉印）及郑孝胥安葬时分赠后人的圆砚，砚上有"郑公孝胥安葬纪念"字样（郑孝胥1938年死于长春，葬于沈阳）。这说明日本人可能将在中国北方搜罗的文物宝器运上了阿波丸。由此看来，"北京人"头盖骨极有可能就在此船上。

基于此，有关部门主持了对阿波丸的打捞，捞获锡锭2472吨，价值5000余万美元，此外还捞起橡胶等货物数千吨。打捞并未发现"北京人"。打捞人员还发现沉船有一个近似人工切割的大洞（不是爆炸所致），难道化石已经被海盗先行盗走？谜团并未揭开。

化石下落点的第二个猜测是美国。原因是：化石是由美国军医弗利负责装运的，最后又在几个美国人的手里下落不明。

1980年，弗利给贾兰坡先生写过一封信，提到他在《冬季71/72康奈尔大学医学院校友季刊》上发表的回忆文章，并随信附上该篇文章。文章称，古老的"北京人"的骨骼并不多，大约只装在一些玻璃瓶子里。贾兰坡读完文章后，觉得弗利的说法不太可信。"北京人"是很容易破碎的化石，不可能装在玻璃瓶内，更何况还要远渡重洋转运到美国。弗利所言也与当时负责装箱的胡承志的回忆事实不相符合，他所说的可能不是"北京人"化石。

不久，不知出于什么考虑，弗利托人捎口信给贾兰坡，提出来华访问，并希望得到中国总理的邀请。然而，贾兰坡感到十分为难，再三斟酌后回绝了他的请求。

此后一直到去世，弗利再也没有与贾兰坡联系。弗利永远失去了来中国寻找"北京人"的机会；而中国也永远失去了寻找"北京人"的一个关键线索。

化石究竟藏在哪里呢？第三个答案是，埋在北京的某个地方。20世纪90年代，我国古人类学者得到一条重要的线索，化石很可能埋在原美国驻北平公使馆。

"北京人"化石从协和医院包装好以后，先送到美国公使馆，重新改装，然后登车运走。"北京人"最后的落脚点应该就在美国公使馆——东交民巷。对此，有人认为化石已经被运出，也有人认为根本就没有运出去。如果后一线索成立，那么，化石很可能就埋藏在那儿的某个角落。曾有日本人称，头盖骨化石埋藏在日坛公园东边一棵大树下，专家们秘密对该地进行勘察并试掘，但没有发现任何线索。

也有学者认为化石已经被毁掉了。贾兰坡院士就有这样的担心。因为日美刚宣战，野蛮的日本兵会将怒火发泄到和美军有关的一切物品上。日本宪兵开进协和医院时，就曾将仓库内保存的大批书籍和化石烧的烧、砸的砸。化石箱是封在有美军标志的箱子里的，被毁的可能性非常大。还有人认为拦截火车的日本人由于不懂化石价值而将之砸烂扔掉，但胡承志先生认为这种可能性不大。因为化石包装得极考究，但凡有点文化的人，即便不完全了解化石的真正价值，也不会轻易将之丢弃。

战争过去了，和平来临了。"北京人"，这个神秘的国器，却始终没有揭开她的面纱，但它始终牵扯着中外学子的心。当年，魏敦瑞离开中国时，最后一次来到装有化石标本的保险柜前，捧起一个"北京人"头盖骨，像捧着自己亲生孩子的脸庞，抚摸了又抚摸，亲吻了又亲吻，直到滚滚滴落的泪水打湿了化石，才小心翼翼地放回。如今，进入"周口店遗址博物馆"，你会看到3个老人的青铜塑像，这3位老人分别是裴文中、杨钟健、贾兰坡。他们把毕生精力都贡献给"北京人"的发现、保护和研究。

带着满腹的遗憾，他们三人将墓地选择在"北京人"诞生的地方。

头盖骨失落了，他们的精神却永远长存！

裴文中、杨钟健、贾兰坡青铜塑像：北京周口店遗址博物馆。

后母戊大方鼎

在中国的历史上，青铜鼎是等级制度和权力的象征，夏禹曾经广聚天下之铜，熔铸九鼎以象征天下九州。从此鼎便成为中国最常见和最神秘的传国重器。汉武帝的时候，山西万荣县曾发现了铜鼎，汉武帝认为是吉祥的兆头，甚至改年号为"元鼎"。唐玄宗的时候，该地又发现铜鼎，唐玄宗于是将其所属的汾阴县改名为宝鼎县。

1000多年之后，1995年10月，美国纽约的联合国总部鼓乐齐鸣，各国政要齐聚一堂，隆重庆祝联合国成立50周年。正在美国访问的江泽民主席应邀参加了这次活动。纪念活动上，江主席向联合国赠送了一尊青铜铸就的世纪宝鼎。世纪宝鼎是仿照中国古代青铜器铸造而成的，上有中国商周时期的优美纹饰。

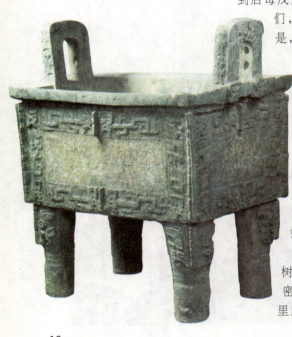

后母戊鼎(原称司母戊鼎)：是商王祖庚（或祖甲）为祭祀母亲戊而作的祭器，河南安阳出土，重832.84公斤，是世界迄今出土最重的青铜器。

如今，各国人们走进联合国总部时，首先映入眼帘的就是这尊来自中国的宝鼎。看见门前的这尊宝鼎，人们不由得会联想到伟大中国历史的悠久、深厚。

而在中国，说到鼎，差不多每一个人首先就会想到后母戊大方鼎。教科书上的照片和文字材料告诉我们，那是我们的国器，是中国最大的古鼎。但是，许多人可能并不知道，这尊巨大的古鼎曾经经历的曲折故事……

神奇的出土经历

1939年的河南安阳，正处于日本占领时期，豫北大地民不聊生，饿殍遍野，实在过不下去的农民们只有盲无目的地在田地里挖宝以图度日。那年3月的一天上午，侯家庄武官村一个吴姓农民的庄稼地里，另一个吴姓村民正在细心地用探杆探找文物。

吴家的庄稼地距离被当地人叫做"吴家柏树坟"的地方并不远。"吴家柏树坟"是一片密集的坟地，坟地周围栽种着100多棵柏树，那里距离前此发掘的大墓也就几十米的光景。早在1934年的时候，参与殷墟考古挖掘的梁思永先生就得知，洹河北岸的侯家庄，曾有私人盗掘出土过体积硕大的青铜器。经过一番实地考察，他认为"吴家柏树坟"的下面，很有可能埋藏有商代王陵，很有挖掘价值。但是，因为该处是村里的祖坟，所以，当地人坚决拒绝了学者们的挖掘请求。不久，日本入侵，挖掘的事情也就彻底耽搁了。

村民们没有学者那么系统的知识与认识，他们凭着综合的感觉，估计到"吴家柏树坟"一带应该埋有值钱的东西。吴姓村民正是怀着这样的目的来探寻的。当探杆钻到地下十多米深的时候，他感到应该触及了硬物。他急忙将探杆取出，一看，坚硬的探头有点儿卷口，口儿捎带有点点绿色的铜锈。他意识到遇到宝物了。

根据当地的土规矩，探宝可以不分地界，但是宝物探出后，宝物所在地的主人要分得宝物价值的一半。于是，吴姓村民急忙和那个土地主人秘密协商，决定挖出宝物。

可是，该处附近就有日本的机场驻军，怎么办？他们只好利用夜间掩护，偷偷地挖掘。尽管那时的天气还比较寒冷，又是夜里作业，可是，为了保密，村民们竟然连一盏灯也没敢点着。挖掘在黑暗中进行……

花了整整大半夜的功夫，他们才在10米左右的地下，发现了宝物的一些"容貌"。挖着，挖着，大家发现宝物所占的空间实在太大了，土坑还得扩大，不然的话，宝物根本不可能完全露出来。可能是因为即将获得宝物的心理诱惑吧，村民鼓足劲儿扩大土坑。此时，天将放亮，为防别人发现，村民们又将洞口堵了起来。

第二天，第三天，村里的小伙子们整整挖了三天三夜，一直到了第三天夜里，一个前所未见的庞然大物出现在大家面前。先挖到的是宝物的柱形支撑足，接着

国宝的故事

整个宝物隐隐约约显露出"尊容"。

　　宝物实在太庞大了，村民们根本没有办法将它抬出地面。以前，如果发现了宝物，大家总是先挖一个土坑，再在坑口上加上一只绞水用的辘轳。井下的人将宝物放到箩里，上面的人用力一绞，宝物就升到地面了。这次不同了，宝物太大，井口也挖得太大，辘轳根本无法支架。最后，众多壮汉凭着人多力量大，硬是把这个"大家伙"用鸡蛋粗的绳子慢慢拖了起来。

　　大鼎出来的时候，劳累的村民这才看清了它的全貌。

　　他们眼前展现的是一个巨大的青铜鼎，它就是后母戊鼎。当时，村民们并不知道鼎的高贵"身份"，只是觉得它像家常见的巨型火炉，就称之为"大炉"。初露"真容"的时候，鼎口朝东北，柱足朝西南，横斜在泥土里，大得就像农民牲口棚里的大马槽。因此，又有人称之为"马槽鼎"。遗憾的是，当时只发现了一只鼎耳，另一只鼎耳则不知去向。村民们在泥土中搜索了很长时间也没找到。估计，它在埋入地下之前，已被击断失落了。此后，一直没有发现那只鼎耳的踪迹。鼎耳的失踪成了千古之谜。今天我们看到的后母戊大方鼎，有两只鼎耳，其中的一只其实是后来补铸上去的。

　　尽管村民并不完全清楚鼎的真实价值，但是，目睹如此巨大的青铜鼎，他们还是非常之惊诧。在场的人几乎不敢相信自己的眼睛！那一带的村民们是听着父辈们讲述地下出土宝物的故事长大的，他们亲眼见过殷墟遗址的挖掘，也见过不少的青铜器，但是，如此巨大的青铜鼎还是第一次见到，所以，他们全都愣在了当场。

　　一看大家愣了神，几位领头的村民更是紧张了起来。他们首先想到的是，一定要保守秘密，发现大鼎的消息决不能让日本人知道，大鼎也决不能落入日本鬼子手中。在他们的带领下，全体在场的村民都指天发誓，决不将消息走漏出去。他们先是安排一位小伙子赶快回到村子里，去赶马车。马车到了之后，大家又急急忙忙地将这沉睡了3000多年的大鼎装车运回村里。回到村里，大家将鼎埋在土地主人家院子的粪堆下面，后来又转移到牲口棚里、柴草屋中。全村人都将它视作镇村之宝。大家都义务地保守着大鼎的秘密。

然而，正像那句老话所说的那样，没有不透风的墙。日本人终于还是得知了后母戊鼎的一些消息。他们将眼光盯准了吴姓的土地主人一家。此后六七年之间，日本人采取了各种手段，收买、敲诈、恐吓、索讨，一直想获得这尊宝鼎。藏宝主人也因为日本人的多次搜捕，不得不离乡背井，颠沛流离。

　　幸运的是，日本人虽经多次搜查，终于没能攫去这尊国器。后母戊鼎安安稳稳地在吴家的草房地下又睡了7年。但是国宝的厄运还没有结束。日本投降以后，到了1946年，当时的安阳县古物保存会的头头不知从哪里得知了大鼎的消息，他威胁利诱，动员村民们把国宝"献给国家"。同年6月，大鼎被重新掘出。大鼎再次出土后，先被存放在国民党安阳县政府，10月的时候，又被移到前中央博物院筹备处（中华人民共和国成立后称南京博物院）。1948年5月29日，后母戊鼎在南京首次展出。蒋介石曾亲临现场参观，并在鼎前留影纪念。

　　南京快解放时，据说，蒋介石曾打算将这件"神器"带往台湾，以便佐佑"国运"。后母戊鼎也被运到机场，但是一来大鼎太重，二来那些只顾南逃的达官显贵们，根本顾不上尊贵的国宝。大鼎就这样被扔在了机场……

　　中华人民共和国成立后，后母戊鼎得到了保护，仍藏于南京博物院。1959年，中国历史博物馆在北京建馆，向全国征集文物藏品。经国务院决定，后母戊大方鼎入藏中国历史博物馆。从此，大鼎落户北京。现在中国国家博物馆展出的只是原鼎的复制品，真品早已作为珍贵的历史文物被严密地保护起来了。

远古王朝的历史述说者

　　当初，侯家庄的村民们只是凭着朴素的直觉，估计大鼎应该是一件重要的宝物。为了保护这件罕见的宝物，他们付出了很多。不过，如果他们真正了解到大鼎的真实价值，即使吃多少苦，他们也会心甘情愿的。因为，他们保护了一件真正的国器。

　　据专家们考证，后母戊大方鼎不仅是我国目前出土青铜器中最大的一件，而且也是世界青铜器中罕见的精品，代表了当时的最高工艺水平。大鼎出自商代晚期。商鼎的造型大多为长方或者正方型，呈斗状，四足，一般都较厚重，表面图饰粗犷简洁。

后母戊大方鼎也具有这些特点。大鼎体形雄伟盖世。全鼎呈长方形，口长112厘米，宽79.2厘米，壁厚6厘米，连耳高133厘米，重达832.84公斤。鼎的两侧有两个竖立的鼎耳，鼎腹为长方形，中空，四个粗壮的柱足支撑着全鼎。

后母戊方鼎不仅外观庄重大方，而且鼎上所装饰的各种图纹也非常精美，令人骇叹。鼎上的花纹图案线条清晰、工艺精巧。鼎身饰以云雷纹，以作为地纹。鼎耳的外廓饰有一对虎纹，式样尤其奇特，两只老虎的虎头绕到耳的上部张着口互相相对嘶，在相对的虎口中间，却饰一人头，那情状仿佛要被老虎一口吞噬似的。鼎耳的侧缘还饰有两尾鱼形图纹。鼎腹上、下均都使用夔纹带构成的方框，两夔相对，中间隔着短扉棱。

鼎腹的四角都装饰着扉棱，以扉棱为中心，又饰有三组兽面图纹，上端为牛首图纹，下端为饕餮图纹。鼎足铸的是蝉纹，图案清晰地表现出了蝉的形体特征，线条异常优美。

足上足下，有各种夔龙纹盘绕着，四周又装饰着众多的饕餮纹。为什么大鼎上竟有如此多的夔龙纹和饕餮纹呢？原来，夔龙与饕餮都是商周敬仰的神奇之物，商周鼎身雕刻夔龙纹与饕餮纹的现象非常普遍。夔龙是一种吉祥的瑞兽，圆柱独角，身体细长如蛇，置身鼎上一般作侧身像，有时画有脚爪，有时则没有。商周夔龙由于角形特殊，形状就像"且"字，所以，又被称为"且角龙"。据说且角龙的独特造形，与男性生殖器图腾崇拜有关，古人认为夔龙辟邪。

饕餮，也是一种神兽。传说龙生九子，其第五子就是饕餮。饕餮非常能吃。今天这个词语的意思就是指能吃、好吃、贪吃、擅吃的人。鼎本来是一种食器，饰以饕餮，正好证明它的功用。鼎身铸上饕餮，也意味着喜庆吉祥、丰年足食。

后母戊鼎周身的夔龙及饕餮纹样，都是经过高度艺术夸张变形而刻画出来的。纹样衬托出一种狰狞、神秘、威严的气氛。由于这些图案的衬托，使整个鼎的造型显得更加威武、雄厚。整个大鼎因此给人一种凝重之中又有华丽、神秘之中可见沧桑的独特感受。任何一位游客，不管他是来自地球哪个角落，只要走到它跟前，都会不由自主地屏住呼吸，深深地为它所打动，不禁默默赞叹，3000多年前的先民竟然能够造就如此精美庞大的宝器，真是奇迹啊！

奇迹不仅体现在大鼎的装饰艺术上，也体现在大鼎的铸造工艺上。

殷墟展馆门前的后母戊鼎：该鼎为复制品。

铸造后母戊大方鼎，在那时候是相当困难的一件事。当时，冶炼青铜用的是陶制的坩埚，形状和后来倒放着的头盔很相似，所以，考古工作者都称之为"将军盔"。根据专门计算的结果，每个"将军盔"能熔铜12.7公斤。如果铸造中小型器物，那么，一个坩埚也就可以对付了。可是，后母戊大鼎需要1000多公斤金属原料，也就是说，如果铸造这样庞然的器物，就需要七八十个"将军盔"同时浇铸，还要求130多人同时操作。

铸造的过程非常艰苦。大鼎的铸造，采用的是组芯的造型方法。即先用土塑造泥模，再用泥模翻制陶范，最后将陶范合到一起灌注铜液。从铸造残留的痕迹来看，后母戊鼎是用20块陶范铸成的。除双耳是先铸成后再嵌入鼎范，鼎身其余部分都是一次浑铸而成的。

更令人惊奇的是，后母戊鼎竟然是合金制品。有人曾用光谱定性分析它的合金成分，并对铜、锡、铅三元素用化学分析的沉淀法进行了定量分析。结果是，大鼎的合金成分为：铜84.77%，锡11.64%，铅2.79%，这一结果与《周礼·考工记》上说的"六分其金而锡居一"的记载基本相符。通过与其他商代青铜器比较，人们还发现大鼎的成分和商代一般铜器的成分基本相同。

可见，远在商代的时候，中国的青铜器铸造技艺已经达到了相当高的水平，而后母戊鼎就是商代青铜铸造技术的最高成就的杰出代表与标志。

后母戊鼎的得名也与它的铸造有一定的关系。器物的内壁铸有"后母戊"三字铭文。这正是大鼎得名的由来。商鼎和同时期的青铜器铭文都比较简单，它们

国宝的故事

常有"辛""戊""戌""丁"等天干字样。这些都是商代人的名字，商人似乎有以天干为名的传统。商王中就有名叫"太甲""庚丁""帝乙"的，那个亡国之君商纣王的名字里也有一个"辛"字。因为在商朝，鼎等祭祀或典礼器物，是家族传承的重要礼器，所以，鼎内往往铸有家族人名。铭文显示浓厚的家族或部族背景，也为后代赏识、鉴别提供了可以依循的根据。

至于"后母戊"三字的解释，各个专家持有各自不同的说法。比较普遍的一种解释是，母戊就是殷王武乙的配偶妣戊，即文丁的母亲，作器者就是文丁。大方鼎是文丁为祭祀他的母亲"戊"而铸的一个专用鼎。因为，根据甲骨卜辞的记载，文丁的配偶为妣癸，而武乙的配偶却不见记载，所以，学者认为"母戊"可能是武乙的配偶，戊应是商王文丁母亲的庙号。还有一种意见认为，"母戊"可能是指武丁的法定配偶或祖甲的法定配偶。因此作器者可能为祖庚、祖甲或廪辛、康丁。

河南安阳除出土了后母戊方鼎外，还出土了后母辛方鼎，器身与足饰和后母戊方鼎形式相同；重量仅次于后母戊方鼎，成鼎年代早于后母戊鼎。有意思的是，"后母戊"和"后母辛"中的"后"字用现代语言说，就是"母后戊"和"母后辛"了，也就说二者都是商王为祭祀母亲而专门铸造的，这是否意味着商代还存在母系社会的遗韵呢？或者说大鼎是母系氏族时期烹煮食器的留存呢？尽管人们还不能确切肯定，但是，青铜鼎作为礼器中最重要的器种之一，后来越来越远离它的实际效用，越来越为王侯专有，越来越脱离那些创造他的普通百姓的生活视线。

感谢历史，感谢那些曾细心保护、整理、研究的人们，因为有了他们的工作，3000年后的我们才能更加清晰了解到先民们的辉煌成就，重新进入到一个壮丽、优美的古代空间，感受先民们生动的气息。

后母辛方鼎（原称司母辛方鼎）：1976年河南安阳小屯五号墓出土。

利簋

　　1976年，陕西临潼县又发现了一个周代的窖藏，窖藏里出土了很多西周时期的青铜器物。

　　商周墓葬、窖藏出现青铜器物，并不能让考古学者们感到吃惊。那时的中国，青铜已经被广泛地用来制作生产工具、武器、车马上的青铜构件及装饰品、礼器等。

　　青铜是纯铜和锡，或者铅混合的合金体。外表颜色泛青，所以被称为青铜。青铜的硬度很大，铸造的性能比较好，又比较耐腐蚀，所以，比较适合制作工具、武器、日用器皿及雕塑艺术品。所以，青铜器是人类较早、较广泛使用的一种金属制品。在中国，青铜器的制作历史非常悠久。根据考古证实，大约在公元前2700年，我们就已经制作出精美的青铜器了。公元前21世纪，就是中国的青铜时代。商周时期，青铜器的使用已经相当普遍了。不过，作为贵重的金属，青铜往往只掌握在贵族的手中。那时，国家最重要的事就是战争和祭祀。所以，青铜又经常被用来铸造兵器与祭祀的礼器。

　　临潼西周窖藏中就发现了一些青铜礼器。青铜礼器又名彝器，是贵族们举行祭祀、宴飨、朝聘、征伐及丧葬等礼仪活动的器物，代表使用者的身份等级和权力，所以，它们是立国传家的宝器。青铜礼器种类很多，包括食器、酒器、水器、乐器等四大类。食器如鼎、鬲（lì）、甗（yǎn）、簋（guǐ）、簠（fǔ）、盨（xǔ）、敦（duì）、豆等；酒器有爵、斝（jiǎ）、觚（gū）、觯（zhì）、觥、卣（yǒu）、壶、罍（léi）、方彝等；水器包括盘、盉（hé）、匜（yí）、鉴等；乐器有铙（náo）、钟（包括甬钟、钮钟与镈）、鼓等。

　　中国青铜器的大宗是青铜礼器。这是中国青铜的又一重要特征。青铜器的发展是以夏商社会的建立为起点，在商末周初时期，青铜礼器也达到了它光辉的顶点。到战国晚期，青铜礼器基本退出历史舞台。而在此前的每一个奴隶制王朝，青铜礼器被

周宣王时青铜簋盖：中国国家博物馆藏。

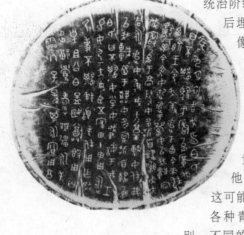

周宣王时青铜簋盖腹内铭文：腹内铸有铭文151字，记述了滕国一位叫"不欺"的将领受命抗击猃狁（战国后称匈奴）入侵，取胜后受周王赏赐的过程。

统治阶级用来祭天祀祖，宴飨宾客，歌功颂德，死后埋葬于地下。对于国家来说，青铜礼器尤其像鼎之类的重器是社稷的象征，它的存亡就是国家的存亡，所以古书有"桀有昏德，鼎迁于商""商纣暴虐，鼎迁于周"的说法。很明显，青铜礼器不是一般的实用器。对于一个奴隶主贵族及其家族来说，青铜礼器又是他们身份与地位的象征。当贵族们觉得仅仅用形制与纹饰仍然难以表达他们的观念时，他们便在青铜器内刻上文字。这可能就是中国青铜器铭文很多的原因之一。

各种青铜礼器之中，食器的地位似乎又更为特别。不同的食器具有不同的效用，比如鼎是用来盛肉的，簋、敦是用来盛黍、稷、稻、粱的，而簠则相当于现在的大碗，是用来盛饭的。除了实用，各种不同的食器又可以表示不同的政治等级。所有的食器中，鼎最为重要，它也是最重要的礼器。簋等则是用来与鼎相配的。西周中晚期的时候，已经形成了列鼎制度，即用形状花纹相同而大小依次递减的奇数的成组鼎来代表贵族的身份。天子使用九鼎，诸侯七鼎，卿大夫五鼎，士三鼎，所有人必须恪守法度，不能有所逾越。在他们生前须如此，死后埋葬也须如此。另外，奇数的列鼎往往与偶数的盛饭的簋配合使用，如9鼎与8簋相配、7鼎与6簋相配等等。

临潼周窖中就有一件青铜簋，名为利簋。该簋通高28厘米、口径22厘米，有着圆圆的腹部、宽大的口沿儿、圈形底足，两边则伴有两只便于提携的、耸起的执耳。簋这种食器，本是各个民族常见的器物。在中国，商代晚期的时候，它还没有盖子。当时的人们在它的腹部两侧分别加上了两个执耳，到了西周初期，有时加上四个执耳，有时，执耳下又再加上垂珥，就成为中国独有的器形了。临潼这一件簋，在圈足下面又增加了一个方座，而这正是西周早、中期的簋特有的形状。

这件簋的装饰花纹非常精美，簋的双耳被做成兽头形状。腹部和方座则装饰着饕餮纹、龙纹，圈足上也装饰有龙纹，又用云雷纹作为地纹，方座平面四角还装饰有蝉纹。这些装饰花纹与商代及西周早期的青铜器装饰花纹极为近似。商代及西周初期的青铜器，主要用饕餮纹、龙纹、夔纹、蝉纹等装饰外表。这件青铜器最吸引专家、学者们的是它的铭文。

中国青铜器的一个显著特点是铸刻有文字，这种文字，就是我们通常所说的金文。青铜器铸刻铭文是从商代中期开始的，起初往往只刻一两个字，这字一般能够起到"族徽"的作用。到了商代晚期时，青铜器的铭文开始增多，但是，最长的铭文也没超过48字。西周时期，青铜器上的铭文得到大发展，长篇巨制颇为不少，如毛公鼎铭文长达497字，是所有青铜器中最长的铭文。春秋以后，这种青铜器铭文就逐渐减少，战国时期，长篇铭文已经非常罕见了。

这些铭文，在中国书法史、文字发展史上有着十分重要的地位。我们都知道，中国最早的文字是甲骨文，而中国的文字是秦始皇时期才统一的，当时，为了建立统一的新天下，秦始皇下令：车同轨，书同文。秦始皇统一的新字体被称作"小篆"。而在他一统文字字体之前，从商代的甲骨文，到秦朝的小篆，文字和书法还经历了金文、石鼓文等几种不同的字体。因此，研究金文等文字，可以找出中国文字演变及书法演变的规律。但是，金文、石鼓文存世的并不多，春秋以后，这种青铜器铭文又逐渐减少，所以，见于周朝的刻有铭文的青铜器非常珍贵。

青铜器铭文的书体或粗犷或瘦劲，或工细或秀美，本身就具有极高的书法欣赏价值。利簋的铭文属于粗犷而古朴型，字体拙中见美，生动感人。

在考古学家眼里，这件青铜器的铭文的价值还不仅在其优美的文字上，更在其文字的内容上。青铜利簋内底共有铭文4行32字：

珷（武）征商，唯甲子朝，岁鼎（贞）克闻，夙有商。辛未王在闌师，赐右史利金。用作檀公宝尊彝。

铭文的大概意思是：周武王征伐商纣王。在岁星当头的甲子日早晨，贞问上帝，得了吉卜，从而使克商成了现实。到了第八天辛未，武王在闌师（地名）论功行赏，赐给右史利许多金属，右史利用来为祖先檀公作此祭器。

看来，这是周武王的臣子"利"制作的一件礼

西周利簋：1976年陕西临潼零口出土，中国国家博物馆藏。

器。"利"用周武王赐给他的金属铸造了这件器物，目的是为了祭祀自己的祖先。这件青铜簋的铭文告诉了我们，它主人的身份，也告诉我们，它得名的由来。由此，人们还可以得知，利簋铸造于西周初年，就目前的资料看，利簋是现存周代最早的一件青铜器。

利簋的铭文还蕴藏着一个巨大的秘密，那就是周武王讨伐商纣的日期，以及周商作战的大概经过。

周伐商，是历史上的一件大事。商代末年，商王纣残暴无道，宠信后妃妲己与一些奸佞小人，以致忠臣被杀，直臣见逐，国家几近分崩离析。当时，代表新生势力的西周一方，仁爱百姓，广招贤才，团结了各路诸侯，从西岐出发，逐步向东扩展，力量越来越大。周文王死后，周人在周武王的带领下，最终渡过了黄河，在一个名为"牧野"的地方，与纣的军队进行了一场空前的大决战。

然而令历史学家颇为伤脑筋的是他们还不能肯定西周灭商具体在哪一天，也不能肯定牧野之战的具体情况。因为，他们缺乏明确的具体证据。中国最古老的书籍之一——《尚书》倒是记载了周武王是在甲子这一天的早晨开始讨伐商纣的行动的。然而，《尚书》并没有写明具体的年份。另外，《尚书》明确具体地记载灭商的日期为甲子日，由于记载的太具体，研究者反而更添疑窦。还有一本书——《逸周书》也记载武王灭商是在甲子日，但是，《逸周书》被很多人认为是伪书。此外，似乎没有其他先秦时期的重要文献能够佐证这个重要的日期。因此，整个学术界对武王是否在甲子日伐商存在着意见分歧。可是，确定这一天的日期非常重要，这一天日期的确定对很多历史年代的推定有重大的影响。

为此，学者们总是希望能够给出一个确切的定论。2000多年来，中外学者根据各自对文献和西周历法的理解建立自己的学说，对武王克商的年代形成了至少44种结论，最早的定在公元前1130年，最晚的则为公元前1018年，前后相差112年。

利簋的出现帮助学者们解决了这个千年来萦绕不去的难题。利簋铭文写道：周武王征伐商纣，在甲子那天岁星当头的早晨灭亡了商。"夏商周断代工程"的专家们正是根据铭文中的岁星（木星）的记载，再加上甲

利簋内铭文：利簋腹内底部铸铭文4行32字，记述了甲子日清晨武王伐纣的史实，这是目前发现年代最早的西周青铜器，也是西周初年金文中叙述武王伐商的唯一珍贵史料。

子日的记载，从而断定武王灭商具体年份和日期的。他们推断武王克商的科学日期应以公元前1045年为最佳选择。因为利簋铭文记载了周武王灭纣，代商王祭祀上天的时间，所以，学者们又称它"周代天亡簋"。

2001年，科学家们公布了一个重大成果，即《夏商周年表》。有关学科权威组成的验收组认为，《夏商周年表》是我国古代历史自西周晚期共和元年（公元前841年）以前，最有科学依据的年表。其中，武王克商年代与武丁在位年代、夏商分界年代及夏代始年的估定等，具有重要创新意义。

争论了2000年的问题终于得到了统一，这一切，都得归功于利簋的铭文。也正因为如此，这件外形并不雄伟的青铜器成了千金难易的国家级宝物。目前，利簋收藏于中国国家博物馆。

利簋还补充了一些历史资料与讯息，告诉我们西周伐商时的一些事实真相。利簋铸造的时间在西周早期，离周武王伐商较近，应该是目前人们见到的有关武王伐纣的最有说服力的第一手史料。从这则铭文看，周武王在占卜之后的第8天，就已经开始封赏从战的诸侯了。司马迁在描述"牧野之战"时曾经说过，由于纣王的军队是临时武装起来的奴隶，奴隶们恨透了纣王，他们不仅不帮助纣王打仗，而且还临阵倒戈，助周灭商，武王轻而易举地就赢得了战争的胜利。司马迁的记载是正确可信的，利簋印证了《史记》记载的准确性。

还有，商朝人举行战争时，经常会先行占卜，卜问战争是否会胜利，应该向哪位祖先祈求保佑，派遣哪位将军出战，征调多少人马，等等。通过利簋，我们发现，周人，起码是西周早期的人也比较讲究占卜，也注重事前的占卜预示。利簋谈论的是讨伐商纣的事情，伐商之前，周武王同样向上天占卜了吉凶。

然而，这么大的军国之事，武王仅仅只卜问了吉凶一事，其他的事情都没有卜问，这是为什么呢？

利簋在帮助人们解决历史悬案的同时，又给人们留下了其他的迷惑。

曾侯乙编钟

1997年7月，在香港回归之日，在香港政权交接仪式的庆典音乐会上，曾侯乙编钟奏出了古朴、粗犷的乐音。风雨沧桑，从1977年到1997年，编钟出土整整20年，这20年正是中国改革开放的20年。经过2000多年的沉睡，编钟又发出了美妙的民族之声。那声音，似在预示着中华民族的蓬勃复兴。

沉浸在编钟演奏的音乐中的人们，可能没有想到，这发出妙音、书写人类文明史上辉煌一页的国宝，竟然差点儿毁于爆炸之中。

差点被炸掉的宝藏

1977年9月底的一个上午，湖北随县（今随州市）擂鼓墩东团坡，在不时响起的爆破声中，传来劳动工地特有的那种嘈杂的人声。原来，当地的驻军——中国人民解放军空军某部因为扩建厂房，聘请了当地的民工为他们开山炸石、平整土地。

在喧闹的生产声中，来自随县城郊公社团结大队第八生产队的梁升法，带着自己的侄女也在一处埋头挖土。与他同村的很多人也参加了这项挖土工作，一切如同平常一样，没有什么特别的兆头出现。

在离地面大约二三米深的地方，梁升法的锄头好像碰着什么东西。他下意识地停了下来，用锄头缓缓地疏开略黏的泥土。慢慢地，大约20件青铜器显现在他的眼前。他并不认得这些器物，仔细看看，觉得这些器物也不陌生，有的像家用的罐子，还有盖盖儿呢；有的像烧香的香炉，带着几只脚；还有的如灯座形状，还带有箭头。用手掂掂，大的好像有几公斤重呢，小的则很轻。可能是因为挖得小心的缘故吧，也可能是因为土质较松的缘故，总之这些看似家常用器的东西出土时基本上完好无损。

梁升法也没有多想，放工后，就用自己的上衣将这些东西包成两个大包，扛在肩上，随着大家一起回家。东西很多，包又很大，重量也不轻，很是扎眼儿，果然，部队的监工注意到了梁升法。监工员将所有的东西检查了一下，发现没有部队的器物，也就放行了。

梁升法把东西背回了家，但是，他并不知道这些东西的真实"身份"。他只是告诉家人说不要轻易动它们。村子里本来就没有什么秘密，老梁挖出了奇特的宝贝儿，一时间成为当天全村的最大新闻。

左邻右舍纷至沓来，只是为了亲眼看看究竟是些什么稀罕物件儿。这一看不打紧，有些略微懂得文物的人看出了门道。他们告诉梁升法：老梁，这些都是文物，非常值钱，你可发财了！而在老梁看来，既然是文物，个人就别藏了，最好都交给国家。

就这样，他将自己挖出的这些青铜器全部交给了当地的部队机关。但是，文物的事情还没有引起部队及当地文物部门的足够重视。

与此同时，在东团坡山岗上，民工们还挖出了一片同地面颜色大相径庭的"褐土"。军队分管基建的有关领导凭直觉意识到出现如此大面积的异常土层，地下可能有古代墓葬。于是，他立即向随县县委作了汇报。

县里派来一位做文化工作的同志看了看现场，那位同志可能不太懂考古，所以，土层问题并未引起他特别的重视。部队施工仍然继续进行。

到了1978年2月，一批墓地出现在大家面前。驻地部队只是将这些墓地当作普通的墓地，开掘平整。民工们甚至开始用爆破式的方法开采墓地。

就在开挖的过程中，一些民工突然挖出了大量不规则的多边形青石板。联想到上次梁升法挖出的文物与那片非同寻常的"褐土"层，大家这才意识到问题的严重性：地下可能真的有重要的古墓和文物存在。

当时，分管基建的负责人立即要求暂停爆破式开采，全部启用人工开挖。再往下挖，民工们在褐土层下挖出了2米多长、1米见宽的长方形大石板。这次，管基建的负责人当即下令停工，并再次向上级主管部门汇报了情况。

这次，随县派出了一位姓王的文化馆副馆长来到现场，颇懂考古学的王副馆长初步判定当地应该有座历史古墓。馆长于是又向原襄阳地区文化馆作了汇报。当年3月，接到报告的湖北省博物馆考古队派出了专家组

国 宝 的 故 事 ◆

成勘察组到随县实地勘测。

　　勘察组经过认真的勘探、总结，认定那片"褐土"是一个面积达220平方米、比长沙马王堆汉墓大6倍的"超级古墓"。这时，专家们的心情非常复杂，有兴奋，更多的则是担心。根据当时的情况，他们心想："褐土"下虽有高级别的古墓，但估计也已经被毁损了。

　　专家们的担心并不是没有道理，等到考古队员完成现场清理工作，决定起吊墓葬椁盖板时，人们才发现，古墓离当时要爆破的地面仅仅只有80厘米。好悬啊！

　　千年墓门即将打开了，围观的群众从四面八方潮水般涌来，把现场围得水泄不通。到了开掘的时候，考古人员没有料到墓室椁盖板竟然那么难以起吊。原来，椁盖一共47块，每块盖板都由60厘米见方的梓木加工而成，最长的盖板竟然长达10.6米，重约4吨。在这些巨型盖板面前，现场的解放5吨吊车根本就无能为力。经过几番周折，厚重的盖板终于被揭开。然而，椁盖板揭开之后，并不是人们预想的充满宝物的场景，出现在人们眼前的是一幅破败的景象——3米多深的浑水，横

曾侯乙编钟：湖北随州出土。湖北省博物馆藏。

七竖八的棺木，星零四散的器物……

工作人员开始了清理工作。先是整出浮棺，接着往外排水，排着，排着，人们的眼前浮出三段横梁和一根木柱。但是，积水太浑浊了，考古队员难以看清水面下的东西。大家对水下东西的期盼似乎已经迫不可待了。当时就有一名队员不顾初春冰冷的水温，趴在水面上方顺着横梁往下摸了起来……

一会儿，只一会儿，他惊喜地叫道："底下是编钟！我摸到一排编钟了！"在场的考古专家们兴奋不已，根据考古经验，在这么高的位置能够发现成组的编钟，那么，下面一定还会有更大的发现。

积水渐渐排出，人们这才发现，最早出现在墓室水面上的那根木柱，并不是一件普通的木柱，它是我国首次发现的古乐器"建鼓"的支架，木柱贯穿鼓身垂直于地面，等到水落石出的时候，由于巨大的鼓身脱离了水的浮力，经受了2000年腐蚀的木柱再也无法支撑鼓身的重量，轰然折断倒在地。

值得欣慰的是，参加现场发掘摄制组的一个随州市的摄影师，无意中拍下这个极具考古价值的场景，并一直珍藏至今，让人们可以通过照片去感受编钟支柱的形状。

1978年5月22日凌晨5时，墓室积水完全被抽干了，雄伟壮观的曾侯乙编钟终于揭开了它的最后一丝面纱。编钟出土时基本保持着下葬时的状态，分两排成曲尺形立放，靠西的一面长7.48米，高2.65米，靠南的一面长3.35米，高2.73米。编钟共65件，分三层排列，其中，最上层的叫钮钟，中间及最下层的叫甬钟。各个钟里，最轻的一件重2.4公斤，最重的一件重达203.6公斤。编钟加木制横梁及钟架附件总量重达5吨。这组编钟是迄今为止中国出土最大的青铜编钟。

经过整理，考古学家基本认定墓主为曾侯乙，是战国早期的诸侯，约葬于楚惠王五十六年（公元前433年）。因此，随墓出土的这套编钟就被命名为曾侯乙编钟。随墓出土的还有青铜、金、玉、漆、木、竹等器7000多件，各种铭文万余字。

在曾侯乙墓的发掘过程中，还有一个让考古专家们为之忧虑不已的疑问。疑问的根源是曾侯乙墓椁盖板上的一个盗洞。这个在曾侯乙墓中室上方的椁盖板上出现的80厘米见方的盗洞，曾造成一根椁木塌陷和一些泥土涌入。根据现场遗留的一些盗墓工具，专家们分析指出，盗洞应该是战国晚期至秦汉时期留下的。为此，专家们的疑问集中在墓中的文物是否完整、墓室积水是否因盗洞造成这两个问题上。

据有关科学家研究，曾侯乙墓所处地层位于地下水水平面之下，葬后不久地下水就已经渗入墓室，千百年间始终保持着墓室高度三分之二的水平位置。因为墓室内积水的形成发生在盗洞被挖之前，所以，尽管盗墓贼挖通到了墓室，但是，积水实在太深，他们根本无法进入墓室，也不可能盗走水下的文物。

看来，墓室里的积水，客观上保护了这些珍贵的国宝。积水一方面挡住了盗墓者，另一方面也避免编钟的毁损。2400多年了，总重达2567公斤的65个大小编钟除少数几件震动掉落地面，其余全部整齐地挂在木质的钟架上，这真是奇迹啊！

曾侯乙编钟、钟架铜人：湖北随州出土。湖北省博物馆藏。

寻回失落的雅音

随着墓室的整理工作一步步展开，专家们惊奇地发现他们所面对的编钟、编磬及其他乐器构成的组合，竟是迄今为止所见最庞大的钟鼓之乐的乐队配制。整个墓葬共分四室，与乐队有关的是中间最大一室和东边次大一室；中间一室摹拟"殿庭"，东边一室则是"寝宫"。"寝宫"停放墓主棺椁一件、殉葬女子棺木八件，与之相配的乐器有：为其他乐器调音用的"均"（今人也称"均钟"）一件，十弦弹奏乐器一件，二十五弦瑟五件，竽（也可能是笙）二件，加上一件悬鼓。

这个组合显然是用以在"寝宫"演奏《房中乐》的轻型乐队。《房中乐》是极高雅的音乐，是只有贵族才能享用的阳春白雪。演奏的乐器主要以竽和瑟为主，演奏的内容是后世诗歌、礼仪里经常提到的"竽瑟之乐"。

"殿庭"排列的是一个四边俱全的长方形乐队。这种乐队级别特别高，名为"宫悬"，按西周礼乐制度规定，这样级别的乐队只有天子才能享用。"宫悬"常用于宴饮，所以，墓室的陈设模仿现实中的宴饮场面。南侧靠边排放着一些礼器、饮食器，器前摆一排三层编钟。钟架的最东安置着一个大型"建鼓"。鼓面直径达90厘米。之所以称之为"建鼓"，是因为它的造型比较巨大，另外，它是用来统领整个乐队的。鼓架座上垂直竖一根长杆，鼓框从中间对穿过杆，鼓面直接向人。钟架的西端拐向北，依然排列着三层编钟。正中一长列为西侧架，短列是南侧架。"殿庭"的北侧则排列着双层共三十二枚编磬。建鼓、编钟和编磬架分别构成了长方形的三条边，"殿庭"里其他的乐器，如二支竽、三支箫（十三管异径排箫）、二支篪（闭管，横吹，吹孔开口向上，与今天的埙比较相近）、七张二十五弦瑟，及一件有柄小鼓等，在实际演奏时则排列于"殿庭"的东侧，组成长方形的另一条"边"。整个乐队的排列非常合理，高低音被分开了，主奏旋律的乐器也被加以突出了。

乐队排列完毕了，专家们又有了新的疑问：这套2000多年的古乐编钟在遭遇两千多年泥和水的浸泡腐蚀后，还能钟声依旧吗？

人们迫不及待地将文化部研究音乐方面的专家请到了挖掘现场。他们对编钟逐个进行测音，结果是：编钟的音域跨越达五组，也就是5个八度，仅比现代钢琴少几个八度，12个半音齐全。这个结果令音乐专家们惊叹不已。他们和考古专家一起商讨后，决定敲响编钟，倾听倾听2000年前那久远的雅音。

1978年8月1日，建军节，驻随县炮师某部礼堂照例举行庆祝表演。只是，这不是一次寻常的表演。这是一场用编钟原件演奏的音乐会。表演的主角就是出土才

国宝的故事◆

27

两个多月的那套2400多年前的编钟。当大厅的幕幔缓缓拉起时，编钟首先奉送给观众一首《东方红》，接着是古曲《楚殇》《一路平安》和中国民歌《草原上升起不落的太阳》。最后，以《国际歌》为结尾。演出结束，现场爆发出雷鸣般的掌声……

1980年3月14日，音乐家们又在历史博物馆演出大厅用编钟原件举行了一场现代乐曲演奏会。64个编钟分3层8组悬挂在支架之上，4名女音乐工作者手持丁字形木锤站在钟后，1名男音乐工作者手持两米多长的粗木棒站在钟前。他们分别演奏了中国乐曲《草原》和日本乐曲《樱花》。

演奏时，大钟的音域极广，它的音响能持续30秒之久，听起来空灵飘渺，恍然之间，如入仙境。

为了保护编钟，保护"国宝"，同时又让人们能够继续聆听2000年前的古音，有关专家、学者们启动了编钟的复制工作。自1979年5月开始，在国家文物局主持下，湖北省博物馆、中科院自然科学史研究所、武汉机械工艺研究所等7家单位联合成立了曾侯乙编钟复制研究组，经过4年反复试验、试制，终于在1984年7月成功地造出第一套编钟复制品。复制的编钟不仅形状与原编钟一样，而且声音也完全一样，其演奏效果也与原编钟一样神奇美妙。

神奇的编钟不仅带给今天的人们以美妙的音乐，还印证了历史记载的一些事件，诉说着生动的历史故事。

经过仔细的研究，专家们发现，气势磅礴、雄伟壮观的65件曾侯乙编钟里有一件特别与众不同。该乐器名为镈钟，高92.5厘米，重134.8公斤，悬挂在巨大的曲尺形钟架最下层中间最显眼的位置。镈钟形制独特，花纹繁缛，制作精美，是青铜器中的精品。钟上还刻有31字的铭文，其意思是说，楚惠王五十六年（即公元前433年），楚王熊章从西阳回来，专门为曾侯乙制作了这件镈钟，送到西阳，让曾侯永世用享。铭文的内容与其他钮钟、甬钟的铭文内容完全不同，并且，丝毫不涉及乐律。

难道镈钟与曾侯乙编钟无关？难道二者本来不是一套？难道镈钟是临时掺加进来的？研究证明，镈钟与其他编钟确实不是一套，它挤掉了下层最大的一件编钟的位置。为什么要这样呢？原来，曾侯将它悬挂在最显眼的位置，是为了表示对楚国的尊重。

疑问随之而来。战国时期，楚国是列强之一，疆域囊括了今天淮河流域及长江以南的大部分地区，其盛况如苏秦所言，"地方五千里，带甲百万，车千乘，骑万匹，支十年。"如此强大的楚国为什么会给小小的曾侯送如此厚重的礼品呢？曾楚两国的友好关系为何如此非同一般呢？

说起来，事情还跟大家都了解的伍子胥有关呢。伍子胥一家遭受楚平王的迫害，他的父兄被楚王处死，他本人也逃往了吴国。为了复仇，伍子胥策动了吴国对楚国的征战。公元前506年（即楚昭王十年），吴王阖闾和伍子胥率兵攻打楚国，五战获胜，最后攻破了楚国的都城——郢（即现在的江陵）。当时，平王已死，在位的是他的儿子昭王。作为吴国军事统帅的伍子胥愤恨难消，命令士兵掘开楚平王的坟墓，拖其尸于棺外，亲自用皮鞭抽打尸体，最后将尸体曝于荒野。这就是著名的伍子胥鞭尸故事。

郢都攻破的时候，楚昭王逃到了云梦泽，被吴军射伤。受伤的昭王急忙逃到楚国的属国郧国（今天的鄂西一带）。郧国国君倒是愿意接纳，但是国君的弟弟却想乘机杀昭王。于是，楚昭王又急急匆匆逃到另一属国——随国，这就是历史上有名的"昭王奔随"。

吴王阖闾获悉楚昭王奔随的消息，立即率兵追到随国。随国面积不大，实力不强。但是，随侯（即曾侯）决心拼死护卫昭王。他命令禁闭城门，加强防卫，与吴军一战到底。随国（即曾国），其祖先与吴国祖先同姓，也是周天子的子孙，只是后来被分封到了随地。当时，分封在江汉流域的周天子的子孙，几乎都被楚国灭掉了。所以，吴王阖闾就以此鼓动随侯，告诉随侯，随国（即曾国）迟早也会被楚国灭掉的，还不如早点交出楚王，灭掉楚国。随侯坚决拒绝，并一再重申："随

伍子胥：伍子胥（？—公元前484年），名员，字子胥，封于申地，故又称申胥。春秋时期楚国人。吴国大夫，杰出的政治家、军事家。

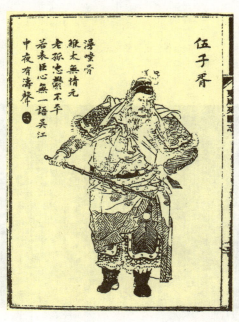

（图中题字）
湿蚤骨
纵太无情元
老来臣心黑不平
若未忠魂无一语吴江
中夜有涛声

伍子胥

国宝的故事

29

与楚世代友好，况且楚昭王并不在随国，他已经逃走了。"

吴王只好带兵离开了随国，返回楚都。就这样，随侯保护了危难的楚昭王。昭王的感激心理可想而知。随后，楚国援军及时赶到，打败了吴军，吴国内部又出现了分裂的变化，吴王阖闾慌忙带兵赶回到吴国。

直到这时，楚昭王才得到彻底的安全保障，并回国复位。

铸钟铭文上的楚惠王熊章就是楚昭王的儿子，为了报答救父之恩，楚惠王将这尊精美的铸钟送给曾侯乙，以表达两国的友好关系。江汉流域姬姓国家（周的子孙）都被楚灭掉了，唯随（曾）独存，也可能就是因为曾楚两国世代友好的缘故吧。

如今，曾侯乙编钟（原件）、尊盘及大量同时出土的珍贵文物都保存在东湖之滨的湖北省博物馆内。该馆共收藏了19件（套）国宝级文物，其中曾侯乙墓中出土的文物就有8件（套）之多。

当年，作为编钟出土地的随县（今随州）非常希望能够留下这件国器。他们有一种朴素的想法："编钟出于随县大地，理当留在随县！"为此，他们甚至做了大量的准备工作。然而，当时随县没有博物馆，无法科学地保存这批国家宝物，也没有科技力量进行继续研究。最终，湖北省委"拍板"，编钟等出土文物运往武汉省博物馆集中保存。

随县人最终服从了大局，但是，100多天的发掘，他们已对编钟积下了深厚的感情。编钟启运之日，数千随县人冒着霏霏细雨，伫立街头，目送车队缓缓驶去，久久不愿离开。

20年的时间过去了。"编钟故里"的随州将耸立起一座编钟造型的博物馆，曾侯乙墓墓坑原址也将完成原地脱水保护，恢复当年出土时的盛况。

编钟和编磬：现放置在北京故宫养性殿内。

秦始皇兵马俑

从春秋时期的诸侯，到战国时期的豪强，秦国，这个处于西部边远地区的小国一步步发展了起来。在商鞅新法的影响下，战国时期的秦国更是仓廪充足，国力强盛。到了秦始皇时期，在白起、王翦等大将的指挥下，秦国的军队所向披靡，创造了一个又一个的军事奇迹。长平之战，坑赵降卒40万，令出产慷慨之士的赵国一蹶难振；郢之战，攻入了同样号称强大的楚国的都城，令爱国的屈原写下了无限伤痛的诗篇——《哀郢》。秦军横扫江河南北，秦朝完成了中国历史上第一次规模最大的统一。秦始皇也成了中国历史上第一个一统天下的皇帝。2000多年过去了，江山依旧，战场依旧，当人们似乎已经忘却了那些叱咤风云的军队的时候。来自陕西秦始皇陵的考古发现重又勾起了人们的回忆，为人们揭开了当年秦军的秘密，让人们再次目睹强大军团的威武英姿……

井下的军国

有着11个朝代建都的关中平原应该是"考古学家的乐园"，而巍峨的秦始皇陵无疑是这个乐园的中心所在。秦陵像一座拔地而起的巨大山丘一样，巍然屹立在陕西省临潼县东约5公里的骊山脚下。秦始皇以"续六世之余烈，振长策而御宇内"的前无古人的赫赫功业，而将自己塑成中国封建帝王中一个不可思议的人物。他的确给历史带来了光辉的一页；但是，他的焚书坑儒以及无休无止的繁重的徭役，也在历史上投下了一道阴暗的影面。千年以来，有人赞他为"千古第一帝"，也有人斥他是"天下第一暴君"。众说纷纭，毁誉不一，反而更增加了他的吸引力。斯人已逝，神秘犹存，人们对他的死，对他的下葬，对他的陵墓都怀着极大的好奇，总希望从他的陵墓中发现这个传奇帝王的一些生活特点。但是，这个发现来得太漫长，也太偶然，直到20世纪，几个打井的村民才在不经意之中，挖出了秦始皇陵令人惊奇的伟迹。

长平之战

战国时期一场大规模战役，前后耗时3年（公元前262—前260年）。这场战役，秦军战胜赵军，并且坑杀赵军40万人。这一战成为战国形势的转折点。此后，山东诸侯国均不再有单独对抗秦军的实力，极大地加速了秦国统一的进程。

陶军吏俑：中国国家博物馆藏。

国宝的故事

王翦

王翦：生卒年不详，战国时期秦国名将，关中东乡（今陕西富平东北）人，与白起、廉颇、李牧并称战国四大名将。主要战绩：破赵国都城邯郸，消灭燕、赵；以秦国绝大部分兵力消灭楚国，功绩卓著。

时间定位在1974年3月，地点在陕西省临潼县的西杨村，一个骊山脚下，距离秦皇陵大约5里的小村庄。春寒料峭，乍暖还寒，西杨村又遭遇了多年常见的春旱天气，于是，村民们只好启动一年一度的打井工程。在这里，打井抽水已经被村子里的村民自觉不自觉地当做"革命"传统了。一天，几个村民在生产队长和副队长的带领下，来到村子西南边柿园一角的西崖畔。他们先得定下井口的位置。位置应该定在什么地方呢？几个村民根据自己多年的经验，通过对周围的地形，及骊山与村子的地势情况进行一番分析，又简单地估算了一下地下水可能流经的路线，最后，用锄头在一块特别不起眼儿的地面上粗略地划了一个圈圈儿，意思就是说，那个地方就是他们要打的井了。

带着对即将诞生的大井，会赋予整个村子林茂粮丰的希望与憧憬，他们满意地放工了。

殊不知，他们所画的并不准确的小"圈圈儿"，竟然瞎猫撞上死耗子，准确地伸进了一个规模巨大的地下军团！

第二天，天公作美，是一个大晴天，阳光暖融融的，正适合挖井干活。队长带着村里的几个青壮年劳力，就在昨天做好标示的地方挖了起来。他们的目标是打出一口大井，多出水，多浇灌。开挖工作非常顺利，村民们个个情绪高涨，似乎成功就在眼前。仅仅两天后，难题就出现了。他们碰上了坚硬得像石头一样的夯土层（后来，据专家们分析，那就是2000年前修陵的刑徒的作品），但这并没有影响到工作的进行。继续往下挖开，挖到3米左右的时候，没想到又出现了一层厚厚的红土。村民尽管觉得有些不可思议，甚至有些村民凭着自己的经验猜测出现这些状况的原因，但大家仍然没有动摇，还是接着继续挖井的工作。

第5天的时候，也就是1974年3月29日，一个杨姓村民忽然在靠井筒西壁的脚下，发现了一个圆口形空腹陶俑的俑脖。然而，他将这个圆口形俑脖当成普通的瓦罐。这引起了大家的好奇。在好奇心的驱使下，大家轻轻地往下挖，出乎他们预料的是，最后挖出来的根本不是一个瓦罐，而是一个陶制的塑像。紧接着又挖出了俑头、俑手和俑腿。再往下挖便是一大堆陶俑碎片和青砖平铺的地面。

接着，他们又在砖铺的地面上发现了几个弩机和一束束已经发绿的青铜箭镞。

村民们一时也犯了糊涂，不知如何是好，只好将挖出的砖头、陶俑、箭镞带回村里。这下，"西杨村打井挖出了神像"的消息，就像风一样传了开去。人们纷纷前来围观。围观的人群中，一些略有考古知识的人指出这些新挖出的方砖竟然和始皇陵附近出土的秦砖一模一样，这将大家的思路从这些陶俑一下子转移到5里之外的秦始皇陵上。这一转移不打紧，村民们马上意识到了事件的重要性。他们催促县上派人来鉴定。而打井的事情则已被置之脑后了。

不久，县文化馆就派人飞车赶来。这些专管文物的工作人员，虽然有着多年实践经验，但是，当他们面对着这与真人一样大小的陶俑的时候，还不能够确切定论。他们只是隐隐感到，挖出的陶俑应该是有来头的东西，很有可能是国家级宝物。他们决定先将出土的东西带回县文化馆。于是，俑头、俑身和俑腿全部被细心地包扎了起来，出土的每一块碎片都被收集了起来，连同弩机箭镞等一起被送交到县文化馆。

可能是出于鉴定的谨慎与认真吧，年轻的考古工作人员，夜以继日地摸索着，细心地修复着。他们希望通过对陶俑进行基本的修复，以判断它的制作年代，然后，再行文上报。毕竟，修理和复原才是揭开这些奇特文物之谜的第一步工作。在修复的同时，考古工作人员，甚至还带着社员又去现场实地开挖，就这样，这个重大的文物发现消息，在其开始的两个多月的时间内，并不为外界所知。

修复工作进行得很慢，信息却传得很快。就在这时，一个在北京工作的新闻记者，回临潼县探亲，正好亲眼目睹了初步修理好了的铠甲俑和短褐俑。他非常激动。敏锐的职业嗅觉让他觉得，这是一个绝好的报道素材。回到北京后，6月25日，激动的记者，便撰写了一份重要的内部情况报告，命名为"秦始皇陵出现一批秦代武士陶俑"，交由《人民日报》编辑部刊发。

记者没有像考古工作人员那么缜密、严谨，他自己直观地做出了"陶俑出自秦代"的判断。然而，直观

国 宝 的 故 事

往往就是那么准确。后来的事实证明，这位记者提供的情况基本上是准确真实的。

这则内部情况一经印发，立即引起了中央领导及有关部门的重视。仅仅几天工夫，国务院要求迅速保护好这一文物的批示就传到了国家文物局。当时，并不知情的国家文物局立即派考古专家飞往西安调查、处置。

与此同时，经过小规模的开掘，出土现场又挖出了一批武士俑。这些武士俑刚出土的时候，还闪现着鲜亮的彩色。接触空气之后，它们才褪去了那动人的色彩。即使如此，当专家们来到了西杨村发掘现场，站在这些见所未见、闻所未闻的"陶人"面前的时候，这些见识非凡、阅历广博的考古学者们的第一反应就是惊异和赞叹。他们几乎激动得说不出话，唯一能做的就是"咔嚓、咔嚓"地为"陶俑"拍照。

考古专家们仔细地观察了初开掘的现场，也认真听取了县文化馆同志以及文物的最初发现者——西杨村打井的干部和社员们的详细汇报，但是，因为可以判断"陶俑"身份的证据还不足，所以，他们也只能初步指出挖掘现场很可能是一个秦代遗迹。他们对这一遗迹规模的估计上也很谨慎，只是在调查报告中简单地写着"南北长15米，东西宽8米，深4米"，并下了一个非常宽泛的结论："很可能是一个殉葬俑坑。"他们没有料到，挖掘现场只是庞大军阵的一角。

不过，这样的调查报告已经足够引起文物考古部门的重视了。考察结束之后，上级就正式决定由陕西省委组织一支有发掘工作经验的考古工作队，继续对现场进行认真的清理和发掘。根据这个决定，7月15日，由陕西省文管会、考古研究所等单位组成的秦俑考古队，正式在西杨村开始了挖掘工作。

谁也没有想到，他们竟从此揭开了国际考古史上最壮丽的一页。

挖掘开始后，考古队的领导还曾估计，整个挖掘工作大概一个星期，或10天左右就能完工。但是，小小的井口被挖成了巨大的天井后，真人大小的陶俑源源不断从土层中闪露出来。即使在那时，现场的考古学家们仍是断定，这只是一个古代的陪葬坑。既然是一个陪葬坑，它就应该具有一定的范围。于是，考古学家们就

陶军吏俑：中国国家博物馆藏。

去勘察大坑的边缘，奇怪的是，这些专业的考古学家竟然一连几天找不出边缘在哪里。探啊，找啊，最终，大家发现他们正在挖掘一个空前巨大的陪葬坑，它规模之大完全超出了所有人的想象。葬坑是一个大型的兵马俑坑，东西长达200余米，南北宽超过了60米，面积达到1.4万多平方米。此前，在中国，乃至在世界上都没有发现过如此规模的陪葬坑。

这就是后来的一号陪葬坑。随着陪葬坑的逐渐展开，出现在专家与学者眼前的是一排排站立的武士模样的塑像。当然，初出的塑像大多遭受过严重的破坏，一具具身体，倒塌于坑中，或头颅残破，或手臂断裂……

这个坑的四周各有5个门道。坑东西两边都有长廊，南北两侧又各有一个边廊，中间是九条东西走向的过洞，过洞之间用夯土墙隔开。这个坑以车兵为主体，车兵、步兵成矩形的联合编队。军阵主体面向东，在南、北、西边廊中又各有一排武士面向外边，职责是担任护翼和后卫；东面的三排武士作为先锋。9个过洞内排列着战车与步兵合成的庞大主体军阵，每个过洞内有4列武士，有的穿着战袍，有的身佩铠甲，中间配有战车，每辆战车后配有驭手一名，车士两名。

一号坑现已发掘出土陶俑1000余尊，战车8辆，陶马32匹，各种青铜器近万件。根据已经出土的密度情况，专家们初步推算了一下，整个一号兵马俑坑，大约有陶俑、陶马6000件，件件形象逼真，个个栩栩如生。

兵马俑一号坑：陕西西安秦始皇陵。

几十辆战车，几百匹战马，几千名战士，排列在考古专家面前的确乎是一个完整的地下军团！

看着这个庞大的地下军团，专家们不免疑惑了。这么大的俑坑，史书上并没有任何记载呀。这是谁的军队？陪葬坑的主人又是谁呢？他们首先想到的就是秦始皇陵，因为，西距俑坑3华里左右，就是巨大的秦始皇陵墓，而且，该处周围并没有其他大型墓葬。

不久，一号坑里的出土材料，以及二号坑与三号坑的发掘，恰恰证实了这一猜想。考古人员从一号坑的泥土中发现了大量的青铜兵器。经过清理后，兵器表面上显露出一些文字。其中，一只短剑上刻着"寺工"二字。"寺工"就是秦始皇设立的主管兵器生产的国家机关。另有一只戈上刻有："五年相邦吕不韦造"。五年是秦始皇的纪年，吕不韦正是秦始皇的丞相。毫无疑问，这些兵器都是秦始皇时期铸造的，秦始皇死后作为陪葬品被埋入了地下。

一号坑发掘进行的同时，1976年4至5月间，考古专家们又先后探出了二、三号坑。二号坑面积约6000平方米，由车兵、步兵和骑兵组成曲尺形军阵。

军阵又可分为四个部分：东边是弩兵阵，包括四边周廊内的172名立射武士，和中间4条过洞内的160名跪射武士。南半部是战车方阵，包括八条过洞内并排着的8列战车，每列8乘（四匹马的规模为1乘），每乘车后有2—4名车士。中部是车兵、步兵、骑兵构成的混合军阵，包括3条过洞内排列的3列战车，每列6乘，车后跟随有步兵和骑兵。北部是骑兵阵，包括3条过洞内排列的6乘战车，车后是8队骑兵，每队4列。这4个部分既相对独立，又彼此密切联系，集各军兵种于一个阵列中。二号坑预计可出土各种武士俑1300余件，战车89乘，车马356匹，鞍马100余件。

三号坑面积520平方米，呈"凸"字形状。出土战车一乘，马俑4件，武士俑68件。坑内陶俑按照夹道的方式排列，它是整个军阵的指挥中心。

三坑相连，规模巨大，而这么巨大、壮观的陪葬坑确乎只能是气度非凡的始皇帝的作品。

站在西崖畔，俯视这规模巨大的俑坑和那气势雄伟的军阵，所有的专家、学者都不得不"叹为观止"！

奇迹啊！真是人类历史上的奇迹。专家们用四个字"大、多、精、美"简练地概括了这个奇迹的特点。

大，兵马俑的场面空前之大，3座兵马俑坑布置在近2万平方米的大地上，非常直观、生动地再现了秦军兵强马壮的壮丽场面。如此巨大而又围绕一个主题展现的艺术群雕，在全世界范围内也是独一无二的。另外，过去经常看到的一些陶俑，都比较小，一般为二三十厘米，最多也就六七十厘米。这些陶俑一个个完全仿照真人、真马，形体高大；人俑平均身高1.8米，比今天的中国人高得多；陶马则身高1.7米，身长近2米。放眼全世界，还没有发现比它们更高更大的陶俑。

多，是指兵马俑数量多，三个坑出土近8000件陶俑、陶马，这在考古史、雕塑史上都是绝无仅有的事例。

精，每件陶俑大到身体结构，小到头发、眉毛，再到用彩上色，制作上都表现得一丝不苟，制作工艺异常之精细。

美，上千的陶俑身份各不相同，神情态度也彼此有异。有高大魁梧、气宇非凡的将军，也有威武刚毅、身经百战的武官，更有姿态各异、生动传神的士兵，称得上是人各有位，人各有神。

考古学者们不能不惊叹设计者和施工者丰富的构思和宏伟的气魄，不能不佩服古代的工匠与艺人们精巧细致的工艺水平和创造性的艺术智慧！

这个动人的奇迹立即引起了国家的高度重视。1975年8月，国务院就已决定在发现现场建立一个博物馆，名字就叫秦始皇兵马俑博物馆。博物馆囊盖了一号、二号、三号三个葬坑。1979年10月1日，中华人民共和国成立30周年的时候，秦始皇兵马俑博物馆正式对外开放。同时，二号坑还在进行发掘，它的发掘现场也向观众开放。这种边发掘边展出的方式，在遗址博物馆和考古工作中还是首创呢！如今，占地面积达到20多公顷的秦俑博物馆已成为我国目前最大的历史遗址博物馆。

不解的谜团

兵马俑挖掘出来了，博物馆建起来了，专家、学者们却有着越来越多的疑惑与谜团：兵马俑究竟是哪些人造的？又是怎样造出来的？秦始皇为什么造如此巨大的兵马俑坑？兵马俑与秦始皇的陵墓有没有关系？是不是秦陵的一部分？……

经过研究与论证，考古专家们确认兵马俑葬坑是秦朝的刑徒奴隶们修建的。可能是因为认为人死后，会进入另外一个世界，所以，古人非常重视死后的厚葬。厚葬可以将他们生前的辉煌带到死后，让他们在死后继续保持着富贵的生活方式。商朝的时候，王公贵族下葬，随葬品非常丰富，最可怕的是，他们经常用活人殉葬。河南安阳的商代都城就出土了大量的殉葬人骨。以后，随着文明的进步，殉葬的习俗也有所改变，用活人殉葬的野蛮情况越来越少了。不过，也没有彻底消除。春秋时期，秦穆公就曾下令让他所喜爱的武士随之殉葬，当时，人们就对这件残酷的事情颇有不满。《诗经》里有一首诗就是针对这件事情创作的。后来，人们开始用陶俑代替活人殉葬，这样，一来可以避免宰杀生民，二来也能够满足王公贵族们的殉葬心理，但是，活人殉葬的现象仍然存在。兵马俑葬坑里的陶俑就是秦始皇用来为自己陪葬的。不仅如此，始皇下葬时，秦二世胡亥下令，将他的宫女与修造陵墓的工匠全都殉葬墓中。

至于为什么营造如此大规模的兵马俑坑，大家的一致意见是，秦始皇是希望将他生前的功绩与军队带入地下，这样，即使在冥间，他仍然能够统领百万军兵，征服天下，镇压那些曾经被他消灭的诸侯。最近几年，有人指出，整个秦陵主向朝东，而兵马俑的主要面向也是东方，秦始皇之所以在地下排置着如此庞大的虎狼之师，正是为压住东方的地区，以保证他的帝国万世沿传不绝。

秦始皇从13岁即位就开始为自己修建陵墓，直到他50岁死去，共修了37年。他将天下的犯人与奴隶集中在骊山一带，为他挖土造坟。造坟的工程非常浩大，参加营造的刑徒达几十万人。当年，全国各地都得向骊山输送作工的刑徒。汉高祖刘邦就曾做过输送犯人的工作，他的大将英布，还曾经亲自参加过骊山陵墓的修建。

陵墓工程完结后，普通工人与奴隶们并没有得到解放，秦二世的时候，他们又被要求去修建阿房宫。

陈胜、吴广起兵后，为了抵挡来自东方的反抗力量，秦政府这才免去这些修建陵墓的刑徒们的苦役，让章邯等人带领着他们去镇压山东的义军。

这些刑徒与奴隶后来多半死于与项羽、刘邦等军队的作战之中，他们白骨已枯，但是，他们留下的建筑与工艺却得到了保存，并传承至今。

庞大的兵马俑只是秦始皇整个陵墓的一部分。

秦始皇陵坐落在陕西省临潼县城东约5公里的地方，南依骊山，北临渭水，从空中鸟瞰，宛如一座巨大的金字塔。

跪射俑：陕西西安秦始皇兵马俑博物馆。

始皇陵的布局和结构完全仿照秦都咸阳，它的地宫与富丽堂皇的皇宫对应，陵园的内城和外城与咸阳的宫城和外郭城对应。陵园和从葬坑总面积达66.25平方公里，比现在的西安城区的面积还要大一倍多。

据说，始皇陵一直挖到泉水之下，然后用铜汁浇铸加固。墓宫中修建了宫殿楼阁，放满了奇珍异宝。墓室顶上饰有宝石明珠，象征着日月星辰；下面是山川的地理形势，用水银灌输，象征着江河大海；墓室内点燃着用鲸鱼油制成的长明灯。巨型兵马俑阵则布置在周围，维护着始皇帝至高无上的权力和威严。

兵马俑被发现之后，考古工作者用先进的仪器探测到，地下确有大量的水银和金属存在。他们在地宫周围打了200多个探洞，只发现了2个盗洞，但离陵墓中心还很远，都没进入地宫。千百年来，秦始皇陵可能就一直未曾被盗过。如果确实如此，始皇陵将是一座举世无双的地下宫殿，一旦发掘开来，又将是举世罕见的奇迹。那时，人们说不定还可能一睹显赫一世皇帝的真面目呢！

但在整个陵墓没有被完全打开之前，这一切还是个诱人的谜团。

国宝的故事

1989年，人们终于揭开其中的一个小谜团。当年，中国社会科学院考古研究所汉长安工作队在西安市未央区六村堡乡的一片菜地进行勘测钻探时，发现了21座距今约2100年的西汉大型烧造兵马俑的陶窑，并出土了数千件陶俑。这是专为皇帝和政府制造人葬用兵马俑的官窑。这批官窑规模宏大，产量很高，其中有两个陶窑还装有满满的俑坯，每窑装有350个到400个。这样，21个窑一次就能烧出7350个到8400个陶俑。从这样的生产规模看，秦汉兵马俑阵势浩大也就不足为奇了。

现场发掘出的陶俑实物，使人们解开了兵马俑烧造之谜。陶俑的制作全部是模制，但面部五官在烧制前要进行雕刻。烧造前未作彩绘，但绝大部分在烧成后要涂以白色陶衣。

烧造时，俑坯在窑中的摆放也是很有趣的。它与人们的想象完全相反，俑坯不是脚朝下，而是头朝下、脚朝上放着。这种摆法是很科学的，因为人体上部比下部重，头朝下放置比较稳定，且不易塌落。这说明远在2000多年前，我国劳动人民就掌握了科学重心原理了。秦兵马俑发现后，人们在开始仿造陶马时，就因为没有掌握这一方法，将马坯脚朝下放置而出现了塌落，造成多次失败。

另外，秦朝对制陶作坊的工人实行"物勒工名，以考其诚"的制度，要求工人在制作的陶俑身上打印上或镌刻上自己的名字。这本是统治者稽查陶工制作陶俑数量和质量的，但却为后人留下了一大批艺术匠师的名字。现在能辨清的有宫丙、宫疆等85个。

一个谜团揭开了，很多谜团仍然存在，随着时间的流逝，秦始皇兵马俑与他的皇陵，还会带给我们更多的惊奇。

为了更好地保护这项国宝，1975年，国家决定在俑坑原址上建立博物馆。经过4年多的筹建，至1979年9月底，高大雄伟的一号俑坑遗址展览大厅及部分辅助性建筑竣工落成，同年10月1日开始向国内外参观者展出。

从此，这块曾是乱石堆积、偏僻冷寂的荒漠田野热闹起来，它像一块巨大的磁石吸引着无数中外游客

立射俑：陕西西安秦始皇兵马俑博物馆。

纷至沓来。秦俑博物馆开馆以来，每年接待着100多万的中外游客，许多名人都曾来这里参观。

1980年，在秦始皇陵西侧，还出土了两乘大型彩绘铜车马，每乘4前驾有4马，车上各有一御官俑。铜车马造型逼真，装饰华美，络头和挽具以金银为构件，制作非常精巧，被定为国家级文物。

秦始皇，这个曾经叱咤风云、统一中国的伟大帝王，即使在死后，也仍然给后代的人们保留着如许的惊奇与诧异。走出兵马俑展览馆，人们在慨叹与钦佩的同时，可能会发出这样的疑问：这个帝王的地下宫殿究竟有多大？又蕴藏着多少的神奇？没有人能够确切地回答，但是，所有人都知道，随着时间的冲刷，后来的人们将会一个一个地拣拾起它所带来的谜底与欣喜。

铜车马：陕西西安秦始皇兵马俑博物馆。

金缕玉衣

在河北省保定满城县城西南约1.5公里的地方，有一座形似凤凰的小山丘，名叫陵山。在陵山东南两公里处有一个小山村，村里人都说他们祖祖辈辈都是为一王侯守陵的。但是，当问起他们究竟给哪个王侯守陵，陵在哪里的时候，没有一个人能够说得上来。直到1968年，一个重大的考古发现才算解答了这个疑问。

守陵村的秘密

1968年，全国各地正在如火如荼地开展"备战备荒为人民"大活动，部队更是不能例外。北京军区工程兵第六工区165团的任务非常明确，他们每天必须到山上打造防空洞。这项工作的保密性、流动性很强，士兵们今天在山西，明天可能就会出现在山东。5月的时候，部队开到河北满城陵山施工。23日，工兵团一如既往地执行施工任务，正当他们在陵山主峰的东坡开凿隧道时，突然之间，坡底岩石塌了下去，接着，塌陷的地方出现了一个黑乎乎的洞口。大家颇为吃惊，以往并没有遇到这样的情形。于是，现场负责人立即决定派人下去勘测一下。勘测的结果表明，这个意外发现的洞穴是人工凿成的。不太知情的士兵们还报告说，洞中有不少的器物，好像是古代文物。军队负责人凭直觉感到，这件事很重要，必须先向上级部门汇报。

现场的汇报逐级传到了北京军区，最后，由北京军区直接呈请中央。中央指示：不管是什么文物，部队

金缕玉衣：河北满城刘胜墓出土。金缕玉衣是汉代皇帝及高级贵族死后的殓服。此件由长方、三角等形的玉片2498片用金丝1100克编缀而成，做工十分精细。如此完整的金缕玉衣，尚属首次发现。

一定要保护好，不能损坏和丢失。同时，河北省有关部门、军队派出了调查组前往现场，进行进一步的考察。因为正值"文化大革命"，所以，整个考察活动基本是秘密进行的。

首批赶往现场的考古专家甫一进洞，就被眼前所见到的景象给震住了。呈现在他们面前的是一个略呈长方形，约20平方米的小厅。小厅南北的两个耳室，中间的一个大厅及回廊，都摆放着各种文物。南室摆放着几辆战车，以及十几匹陪葬马匹的骨头，马身上还配有金光闪闪的马具呢！专家们近前一看，惊喜地告诉大家：这是汉代的文物！这应该是一个巨大的汉代古墓！

北室同样让专家们兴奋不已。北室是一个大酒房，地上摆放着数百件大酒缸、石磨盘和彩绘的酒壶、陶罐等。中间大厅里，铜器、漆器和医疗器具更是琳琅满目，令人目不暇接。

事关重大，专家连夜向军区报告了考察情况，并向中央发去了加急电报。主管中央工作的周恩来总理下文批示：尽快进行挖掘清理，重要的东西不能损坏，珍贵的文物一件都不能丢失。总理又向当时的科学院长郭沫若提及此事，并建议他审看一下此前的考察报告。

最后，在郭沫若的负责下，国家成立了一个由河北省考古单位与中国科学院考古研究所联合组成的考古发掘队，所有经费均由国家承担。

6月下旬，考古专家抵达陵山，正式开始发掘清理工作。与此同时，专家们积极进行相关研究，考察古墓的主人与具体年代。年事已高的郭沫若亲自参加研究工作。通过对已出土的文物仔细的考证，并查阅了大量的文献资料，他认定这是西汉时期第一代中山王——靖王刘胜的坟墓。

刘胜墓全长51.7米，最宽处37.5米，最高处6.8米，体积2700立方米，由墓道、甬道、车马房（南耳室）、库房（北耳室）、中室和后室等6个部分组成。整个墓室简直就是一座豪华的地下宫殿。前堂长约15米，宽约12米，是一个修在岩洞里的瓦顶木结构建筑，恢弘富丽，厅堂里摆满了铜器、铁器、陶器、瓷器和金银器，还有象征侍从的陶俑和石俑，以及出行时使用的仪仗等。前厅是象征墓主人生前宴饮作乐的大厅。

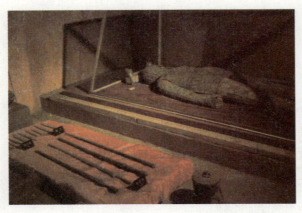

刘胜墓金缕玉衣和后室全景：金缕玉衣在刘胜墓的后室被发现。后室用大小不同的石板筑成，主室是一间石屋，内置汉白玉铺成的棺床，上置棺椁。室内放置了许多贵重器物。

后室建造十分讲究，用大小不同的石板筑成，分石门、石道、主室和侧室。主室是一间石屋，内置汉白玉铺成的棺床，上置棺椁。室内放置了许多贵重器物。从整个墓室的结构看，这座墓是经过精心设计的，工程艰巨，规模宏大，在岩石中开凿如此庞大的墓洞，就是用现代化的施工方法，估计也需要上百人费一年左右的功夫。

回头再看整个中山王墓，以及与随后挖出的刘胜妻子窦绾的墓，二墓正好位于陵山主峰的东侧。墓道口都朝向东方，以山为陵，依崖建墓，两墓均为人工开凿的山崖墓，这在迄今为止发现的汉代陵墓中是绝无仅有的。

守陵村传说的来龙去脉终于清楚了。村民们守的是中山王刘胜的陵墓。这位刘胜，是西汉景帝刘启之子，汉武帝刘彻的异母兄长。他在景帝前元三年（公元前154年）被封为中山王，死于武帝元鼎四年（公元前113年），统治中山国达42年之久。中山国位于太行山东麓，大致包括今天的易水以南、滹沱河以北的地区，首府设在卢奴（今河北省定州市）。西汉中山国共有十代王，刘胜是第一代王。

三国演义里的蜀汉先帝刘备，就是这个刘胜的后代子孙。

然而，令专家们奇怪的是，整个墓室里怎么也找不到刘胜的尸体。估计可能是已经腐烂了。墓室右侧墙有一张床，离地面只有一两寸的距离，上面似乎有一件衣服样的东西，它的四周摆放了各种兵器、铜器和玉器等，还有40枚金饼，每枚半两左右。初一看，那衣服上面裹着一层厚厚的污泥，已经显示不出衣服本身的鲜亮色彩了。经过擦拭后，专家们发现"衣服"竟然是片片玉石。一阵惊喜像电流一样传过他们的全身⋯⋯

这就是后来常说的"金缕玉衣"，这也是我国考古发掘中第一次发现完整的金缕玉衣。以前，人们只是在历史典籍上看到过有关金缕玉衣的记载，并没有人真正亲身接触到金缕玉衣的实物。考古学家们兴奋不已，他们终于能够第一次面对面地亲眼目睹、亲手触摸这传说中的宝物了。

金缕玉衣外形如同人体，分为头部、上衣、裤筒、手套和鞋5部分，全部用玉片拼成，再用金丝加以编缀连接，使之成为一体。刘胜的玉衣全长1.88米，共用了2498片玉片组成，共用金丝1100克。玉片四角都有穿孔，以用来编缀金丝。

玉衣发现了，接下来是搬运与装车的问题，但是，玉衣的年代太久远了，以致专家们不敢轻易移动它。万一玉片散落，那可就糟了。经过认真研究，专家们决定采用整体搬运的方法。即用铁丝密密地、一点点地从金缕玉衣下面穿过，每隔两厘米左右穿一根，将整个金缕玉衣全部托起来，然后，再将它慢慢抬起，放入事先准备好的木箱里，轻轻地抬上汽车。整个搬运过程非常耗时，仅仅穿铁丝就花去了5个壮小伙子整整半天的时间。

玉衣发现的情况不久就传到了郭沫若那里，这位历史学家的兴奋之情可想而知了。他希望立即就赶到现场，亲睹为快！7月22日，郭沫若亲自到汉墓考察。考虑到郭沫若还处于红卫兵们的冲击之中，在总理的安排下，北京军区的领导全程陪同，从满城县到汉墓的路段，整装持枪的士兵三步一岗，五步一哨，护送着整个车队。

尽管山路崎岖，但是郭先生兴致不减。他到发掘现场参观了两个多小时，又详细地聆听了发掘的情况汇报，然后，才恋恋不舍离去。

郭沫若走后，发掘仍在继续，8月13日，又传来一件令人振奋的喜讯：考古专家们在刘胜妻子的墓里又发现了一件金缕玉衣。刘妻玉衣的规模略小于她丈夫的那件，共用玉2160片，金丝700克。刘妻玉衣的用丝并不全是金丝，中间混杂有普通的丝线。看来，男女不平等，在死后也仍然能够反映出来。

金缕玉衣的发现震惊了全国，消息的公布在全国上下引起了巨大的轰动。现在，玉衣的图片已经登上中学教科书了，当孩子们从书上看到玉衣的图形时，也难免为这美丽的工艺品所吸引，折服于它古老而又高妙的制作技艺。

金玉不朽的骄奢

在刘胜金缕玉衣出现后，考古专家又挖出了多座配有金缕玉衣的汉墓，迄今为止，出土的玉衣已在10件以上，其中，只有刘胜及其妻窦绾的两件、定县西汉中山孝王刘兴的一件、江苏省徐州东汉彭城靖王刘恭的一件，及安徽省亳县东汉末年曹操的宗族曹某的一件，共5件，已经完全复原。其余玉衣尚未彻底修复。众多玉衣中，河北满城汉墓出土的中山靖王刘胜的金缕玉衣应是最为完整的一具，因此，它也显得更加珍贵。

所有金缕玉衣的出土年代都在汉代，看来，金缕玉衣可能主要是汉代的一种陪葬方式。据研究，西汉时代制作一套玉衣，即使是一名非常熟练的玉工，也要花上10年的时间。何以这些王公贵族竟然能够花费如此巨大的成本来制作金缕玉衣呢？原来，汉代皇帝和高级贵族将玉视作为一种高贵的礼器和身份的象征，深信"金玉在九窍，则死人为之不朽"。他们认为，人死后，如能够以金玉附体，再用各种美玉塞住七窍九穴，人体就不会腐烂。

这就难怪汉代的王公贵族们死后纷纷身穿玉衣了。他们是在做着美梦呢，梦想着自己平凡的肉身千年不朽，万年不烂。同时，金缕玉衣还是身份的显示牌。它不是一般平民百姓所可能享受得到的葬品，也只有王公贵族才能消费得起，因此，它往往还反映着汉代的等级制度与观念。根据《西京杂记》的记载，金缕玉衣大致出现在西汉文景时期，当时的汉代帝王下葬时，都用"珠襦玉匣"。所谓"玉匣"，形状大概像铠甲，需要用金丝连接成为一体。这种玉匣其实就是平常所说的玉衣。

准确地说，玉衣是汉代皇帝和高级贵族死后的殓服，金缕玉衣才是当时规格最高的丧葬殓服。玉衣与金缕玉衣是有着区别的。根据当时的礼制，皇帝的玉衣用金缕串联，叫做金缕玉衣；诸侯王、列侯始封、贵人、公主的用银缕串联，叫做银缕玉衣；大贵人、长公主的则用铜缕串联，叫做"铜缕玉衣"。

但是，这种丧葬制度，在西汉时期并没有得到严格的执行。从出土的金缕玉衣看，中山靖王刘胜穿的是金缕玉衣，可是他只是诸侯王，按理说，只能使用银缕玉衣。另外，定县西汉中山孝王及徐州东汉彭城靖王所穿，也都是金缕玉衣。他们也没有严格遵守玉衣的丧葬规格。

由于金缕玉衣象征着帝王贵族的高贵身份，所以，它有非常严格的工艺制作要求。汉代的朝廷还设立了专门从事玉衣制作的作坊——东园。那里的工匠们必须对大量的玉片进行筛选、钻孔、抛光等十多道工序的加工，才能根据人体不同的部分的不同尺寸与特征，将玉片设计成不同的大小和形状，最后，再用金线连接成一个整体。

连成整体的玉衣，从外观上看，其形状和人体几乎一模一样。头部由脸盖和脸罩组成，脸盖上刻制出眼、鼻和嘴的形象。组成脸盖的玉片绝大部分是长方形的小玉片；双眼和嘴是用较大的玉片刻出的；鼻子一般是用五块长条瓦状玉片合拢而成，形状惟妙惟肖。玉衣的上衣由前片、后片和左、右袖筒四部分组成，各部分彼此分离、独立；前片制成胸部宽广、腹部鼓起的形状，后片的下端必须做出人体臀部的形状。裤子则由左、右裤筒组成，裤筒也是各自分开、独立的。手部部分往往连成握拳状，左右手各握一个璜形玉器，足部则状如鞋子。出土的玉衣附近一般还配有一些玉璧，以及饭含（死人嘴里含着的食物及玉器）、佩饰等物件。玉

丝缕玉衣：西汉南越王墓出土。现藏于广州西汉南越王博物馆。

衣的前胸和后背共置玉璧18块，并按照一定的方式排列。在玉衣的头部，有眼盖、鼻塞、耳塞和口含，下腹部有罩生殖器用的小盒和肛门塞，这些都是用玉制成的。另外，有的玉衣主人的颈下还配有玛瑙珠，腰部装饰着玉带钩。相对真实的人体，玉衣的形体比较肥大，这样，更加便于死人披挂。

可见，玉衣的制作实在不是一件容易的事情。在汉代，制作一件中等型号的玉衣所需的费用几乎相当于当时100户中等人家家产的总和。金缕玉衣穿在王侯们行将腐烂的尸体上，耗费的却是万千生灵的鲜血和汗水！如此奢侈的葬品，自然会引来百姓的怨声，引来贤明士人的抨击，因此，到了三国时期，魏文帝曹丕下令禁止使用玉衣葬殓，从此玉衣就从中国历史上消失了。

穷奢极欲的皇室贵族，迷信"玉能寒尸"，为了使尸体不朽，他们用昂贵的玉衣作殓服，用名贵的玉器来塞其九窍，可谓费尽心机。但是，结果适得其反，由于金缕玉衣价格昂贵，往往招来许多盗墓贼，以致汉代的皇陵多被盗掘。盗掘者甚至用火烧取玉匣金缕，皇公贵族的高贵骸骨也随之一并烬灭。事实上，即使没有盗墓贼的光临，当考古工作者打开那些神秘的洞室时，企求"肉身不败"的墓主人早已化为黄土一抔，收拾不起了。

死尸腐去，真金永留，剩下的精美绝伦的玉衣，仿佛在向人们讲述着一个千百年来幻梦长生的苦涩神话。

今天，刘胜和他妻子的玉衣已成为贵重的国宝。满城汉墓发现原址已建成供人参观的博物馆，并于1991年5月对外开放，曾经王公独尊处，庶民百姓尽可自由畅览，亲睹当年出土的文物。为了保护金缕玉衣这一精美的工艺品，专家们对其进行了复制，展出的是复制品，真品则藏于河北省博物馆。

长信宫灯

长信宫灯也是河北满城西汉墓葬出土的宝物。

满城汉墓发掘后，人们发现墓葬还没有被盗过，陪葬品也非常丰富。远在北京的郭沫若先生得知消息，非常激动，通过清理与研究，他认定该墓的主人应为西汉中山王刘胜。

此前，还没有发现过这么高级别、保存得如此完好的西汉墓葬。一次偶然的开挖，竟然掘出了这么一个宝窟，所有的考古专家们在高兴之余，更感到惊奇。

但是，他们没有想到，刘胜墓还只是满城汉墓庞大宝库的一部分，后面还会有让人惊喜的新发现。这个新发现得归功于知识渊博的郭沫若先生。

当时，郭沫若先生还沉浸在刘胜墓发现的兴奋中，他决定亲自到发掘现场来看一看。7月22日，他赶到陵山考古挖掘现场，先是接见了正在忙碌的考古队队员。那时，正值"轰轰烈烈"的"文化大革命"，所以，他还给每人送上了一枚毛主席像章，上面刻有"攀登科学高峰"的字样。

郭沫若在陵山考察完发掘现场后，根据西汉墓葬的规制认定还应有一座刘胜妻子的陵墓。郭先生告诉在场的发掘队伍：刘胜墓地的北部应该还有一个墓室，即他妻子窦绾的墓室。考古专家们于是继续挖掘，果然，历史学家的推测应验了。不久，就发现了窦绾墓。

中山靖王刘胜墓，与其妻窦绾的墓正好南北并列，彼此相距约120米。窦绾墓与刘胜墓基本相同，体积为3000立方米。全墓也由墓道、甬道、车马房（南耳室）、库房（北耳室）、中室和后室等6个部分组成。它的车马房和库房甚至比刘胜墓还要大。整个墓室，就其建造

河北满城汉墓复原模型：北京首都博物馆。

来说，规模的巨大、气魄的宏伟、开凿的工整，全都超过刘胜墓的水平。墓内随葬有无数珍贵器物。其中，窦绾的镶玉漆棺，在我国还是第一次发现。随着挖掘整理工作的展开，专家们在令人眼花缭乱的珠玉宝器中剔出了一件非常特殊的青铜器物。这件青铜器物更为珍贵，它就是深为全国人民所喜爱的国宝——长信宫灯。长信宫灯后来也成了窦绾墓出土物件中最典型、最杰出的代表。现收藏于河北省博物馆。

宫灯系青铜制作，通高48厘米，人高44.5厘米。长信宫灯虽用青铜制作，但是，它的表面却全部装饰着鎏金。铜器上的鎏金工艺并不是汉代独创，早在战国时期，这种工艺就已经出现了。土红色的铜器经过鎏金处理后，表面一般会显得金碧辉煌。长信宫灯出土时，就非常闪亮耀眼，稍经磨洗，就更露出它那"妩媚动人"的真容了，看起来格外地灿烂，格外地华丽。另外，鎏金工艺对铜器的保护也起着特别重要的作用。在容易氧化的铜的外表镀上一层鎏金，可以保证铜器历经千年而不腐不烂。这件出土的长信宫灯正是最好的佐证。

整个宫灯的灯体呈现为一双手执灯的跪姿宫女形。但是，这个"宫女"并不是一次铸就的。宫灯的各部分是分别独立铸造而成的，因此，各个部分可以随时拆卸。灯盘、灯座及执灯宫女的右臂处可以自由拆卸。灯盘的中心有一灯钎，可以插上蜡烛，灯罩与灯盘可以灵活地转动开合，用来调节灯光的亮度和照射的角度。长信宫灯的设计十分巧妙，宫女左手握持灯盘的长柄，右手执灯。设计师别具匠心地将宫女的右手袖设计为烟道，用来吸收灯焰释放的油烟，烟烬则通过右臂进入到"宫女"体内。体内的烟雾经过底层水盘的过滤后，便变得有烟而无尘了。室内的烟熏就减少了，室内的卫生清洁也得到了很好的维护。整个宫灯结合起来天衣无缝，构筑出一个完美的整体。其科学性令人叹为观止。这样的设计，既防止了空气污染，又展现了审美价值，

西汉前期鎏金长信宫灯：1968年保定满城出土，河北省博物馆藏。

真堪称巧夺天工。难怪当这件文物在美国展出时，美国前国务卿基辛格禁不住连声惊叹：中国人在2000年前就有环保意识，中国真了不起。的确，在2000多年前，宫灯竟能设计得如此精巧，实是惊世之作。这件既实用、又美观的灯具珍品，堪称"中华第一灯"。

宫灯上有9处刻铭，共计65字，其中有"长信家"和"长信尚浴"等字样。铭文中还有6处都提到"阳信家"的字样。这些铭文告诉了今人一些重要的内容：宫灯的所有者，宫灯的铸制时间等等。长信是西汉时期一个著名的宫殿的名称。长信宫是刘胜的祖母、汉文帝的皇后窦太后居住的地方，看来，宫灯与长信宫有着某种密切的联系。今天，人们称宫灯为"长信宫灯"，原因也正在此。但是，宫灯上还刻有"阳信家"的字样，这个"阳信家"又是什么意思呢？原来，宫灯本是属于西汉阳信夷侯刘揭家的。据《史记》记载，刘揭在公元前179年被封为阳信侯，他去世后，他的儿子刘中意继承了他的侯位。刘中意后来因为参与了"七国之乱"而被朝廷废黜，阳信侯的爵位没有了，他的封地也被撤消了。同时，这件精美的铜灯也被朝廷没收，并上归长信宫所有了。宫灯就这样落脚于窦太后的宫殿，窦太后可能与中山靖王刘胜的王后窦绾有着亲缘关系，所以，就将宫灯赐给了他们，这样，宫灯又更换了主人，从京都长安辗转下落到中山王国，最后被窦绾带进了墓葬。

除了长信宫灯，满城汉墓中还出土了不少其他各类灯具。灯具的发明与人类的祖先对火的认识和利用有着密切关系。有了火，人类终于可以摆脱漫漫黑暗长夜了。有了灯，人们终于可以将火的明亮轻松、自然地送到每一个需要照明的角落……

是灯帮助人们将流动的、闪烁的火源固定了下来，是灯具为人们照开一个又一个进步的世界。在中国，最早的灯具应该出现在战国，战国以前还没有发现名为灯的实物。在殷商甲骨文中亦未见有灯、烛之类的字样。西周的时候，人们使用一种点燃的火把来照明，当时，他们称这种已被点燃的火把为"烛"；屈原的《楚辞·招魂》里有"兰膏明烛，华镫错些"的记录，这里的"镫"就是今天常说的灯。这是典籍里第一次

西汉彩绘雁鱼青铜釭灯：1985年山西朔县照十八庄出土。釭在此处指中空的烟管。此灯鱼身、雁颈和雁体中空相通，可纳烟尘。灯盘、灯罩可转动开合以调整挡风和光照，各部分可拆卸以便除垢，设计精巧合理。中国国家博物馆藏。

青铜错金博山炉：河北满城刘胜墓出土。炉身上部及炉盖呈多层峰峦形，其间隐现人物走兽，并饰以错金云气纹，做工精细。博山炉象征传说中的神仙，是汉代流行神仙思想的反映。

有灯的记载与称呼。因为那时的金属非常之稀罕，所以，灯一般是用陶土做成的。这种陶土做成的灯，外形与古代的一种食器——豆非常相像，所以，又被称为"瓦豆"，言下之意是土做的灯。后来，又有金属做的灯，这些金属做的豆形灯通常被称为"烛豆"。

豆也罢，瓦豆也罢，常为上盘下座，中间再用灯柱相连，形制极其简单，加上油和灯芯就能实现最原始的功用——照明。

与这种简单实用的灯具相比，长信宫灯实在达到了极高的美观境界。长信宫灯之前的青铜器，造型都比较粗大、厚重，装饰着各种神秘的花纹，给人压抑沉重的感觉。长信宫灯一改以往青铜器皿的这种风格，整个造型及装饰都显得舒展自如、轻巧美丽，透露着一种灵动的美。

宫灯还展示了汉代妇女的衣着装饰的特点。宫女的头发从中间分开，垂脑后作髻，发尖垂梢，半臂襦，内衬领和袖镶有宽边的大袖袍曲裾深衣。汉代曲裾深衣不仅男子可穿，同时也是女服中最为常见的一种服式。这种服装通身比较紧窄，长长的，飘曳着地。衣服的下摆一般呈喇叭状，以保证人们行走时不至于露出脚。衣袖有宽窄两式，袖口大多镶边。衣领部分很有特色，通常用交领，领口很低，以便露出里衣。这也为今天研究汉代的服装提供具体可见的依据。

除了金缕玉衣和长信宫灯，满城汉墓还出土其他文物10000多件，其中精品达4000多件，其种类之丰富，制作之精美，在已发掘的汉墓中都是罕见的，令人叹为观止。这10000多件文物中，又以错金博山炉最为精美。此炉炉身形象颇似古代食器——豆，通体用刚柔相济的金丝和金片错出舒展的云气，把香料放入点燃，香烟就会通过炉盖的许多小孔，袅袅上升，弥漫房中。博山，是古代神话传说中的仙山，错金是金银镶嵌的一种工艺。炉盘上部和炉盖则铸出高低起伏、挺拔峻峭的山峦，用以象征陆地和群山。炉盖上就山势镂孔，山峦间有神兽出没，虎豹奔走，机灵的小猴或是蹲在山峰高处或是骑在兽背上嬉戏玩耍，猎人则在山中巡猎。一幅秀丽生动的自然山景就在工匠们的鬼斧神工中跃然而出。炉座把上透雕成三条蛟龙腾出波涛翻滚的海面状，以龙头擎托炉盘，在炉座把上的山、海之间饰龙纹，蕴涵着龙为沟通天、地、人三界的通天神兽的时代观念。其工艺之精湛，举世罕见。值得一提的是，国家邮政局特意选取中山靖王墓出土的长信宫灯、蟠龙纹铜壶、错金博山炉、朱雀衔环杯这4件具有代表性的国宝级文物，于2000年10月20日发行《中山靖王墓文物》邮票一套四枚。

此外，满城汉墓中的文物还创造多项全国之最。如迄今发掘出土的质地最好、时代最早、保存最完整的一整套西汉时期医疗器具，包括4枚金针、5枚银针、"医工盆"，以及小型银漏斗、铜药匙、药量、铜质外科手术刀等。迄今出土年代最早的一个古代天文学器物——计时器铜漏壶。而墓中的一个由石磨和大型铜漏斗组成的铜、石复合磨，是我国至今所见体积最大、时代最早、设计科学、构思奇妙的铜石复合粮食加工工具；500多件兵器中，有我国最早采用刃部淬火新工艺的铁剑，而刘胜的铁铠甲，也是迄今考古发掘中所见到的保存最完整的西汉铁甲；一件玻璃盘和两件玻璃耳杯是迄今考古发现最早的国产玻璃容器……

满城西汉中山靖王墓是全国重点文物保护单位，1991年5月对外开放。当年出土的文物，大部分又重新归位（少数放在国家博物馆的，制作了复制品），送入陵墓展出。中山王墓的出土文物曾多次出展世界各地，受到世界各国人民的称赞。

2001年3月，满城中山汉墓被评选为"中国20世纪100项考古重大发现"之一。

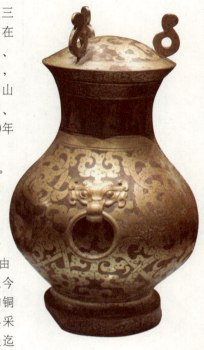

鎏金银蟠龙纹铜壶：河北满城汉墓出土。

国宝的故事

马踏飞燕

　　1969年，全国各地掀起了一股备战备荒的热潮，地处河西走廊的甘肃省武威县（今武威市）属于典型的三线地区，挖洞备战工作的意义更加重要。那年9月20日，该县新鲜公社新鲜大队的社员们照常出工。只是，他们既不是去收割，也不是去打场，一个个背着锄头、铁锹的社员是按照上级的统一安排——挖地道。为什么挖，从哪里挖，社员们管不了，也不去过问。他们只知道，这次的地道必须从一个叫"雷台"的土台下面经过。他们更没有想到，就在他们的锄头挖到雷台之下时，一件震惊世界的事情发生了。

盗墓贼遗弃的国宝

　　雷台位于中国甘肃武威城北两公里处。其实，它就是一座长方形的土台。土台有明显的人工夯筑痕迹。这也并不奇怪，武威处于丝绸之路上，历史悠久，周围几乎每一片土地都有历史遗留的烙印。像雷台这样的人工痕迹自然不会引起当地人们太多的注意。

　　之所以称之为雷台，是因为台上有一座道观，名叫雷台观，道观的后殿中供奉有雷祖神像，也叫做雷台祖庙。

　　9月20日下午，挖地道工程按部就班地进行着，在

　　"马踏飞燕"出土地：甘肃武威雷台汉墓古井遗址。

地道挖到十多米的地方，突然，就在地道的侧壁，两个社员发现有一堵用青砖砌成的墙壁显露了出来。不一会儿，大家都聚拢了过来，七嘴八舌地讨论：砖很古老唉！是什么呢？怎么会有这个呢？是古墓吗？

在好奇心的驱使下，社员们打开眼前这堵砖墙。出现在他们面前的是一座砖石结构的古墓。古墓的墓道很深，也很宽大，里面暗黑黑的。一股阴森的寒气从古墓的深处散出，在场的每一个人几乎都有点儿怯怯的感觉。有人拧亮了手里的电筒，终于，他们看清了，古墓中整齐排列着大量的铜人、铜车、铜马等，旁边还有一座棺床，床上还停放着两具尸骨，尸骨脚下堆放着几件陶罐。出土的铜器闪闪发光，社员们兴奋异常，以为撞上了大运，拣到了前代富豪随葬的"金人""金马"。在场的社员各自随手"抄"得了几件。然后，他们立即封住了古墓的洞口，并告诫大家封锁消息，千万不能将此事外传。

然而，没有不透风的墙，第二天，雷台下挖出"金人、金马"的消息还是很快在生产队传了开去。几个发现的社员有些着急了，当天傍晚，他们连忙将洞口重新打开，再将墓里所有值钱的东西全部装进麻袋，悄悄地转移到大队库房里藏起来。为了掩人耳目，一天清晨，在大队长的带领下，大批农民社员重又齐聚到雷台脚下，在离墓洞口大约20米处的台基下重新开挖地道。非常凑巧，他们所挖的地道恰巧又与古墓的甬道形成了直角沟通，大家在墓道的尽头发现了墓室。墓室里堆放着大量的铜钱，还有一些铜壶、铁器、陶罐等散置在墓室四周。这下，发现古墓与宝物的消息再也隐瞒不住了。

得到消息的公社领导立即命令封存墓葬洞口，并派民兵队伍监控现场。县上的有关领导也要求马上追缴失散的文物。开始的时候，村民们都说不知道文物的下落。在考古专家们反复地向他们解释这批文物的重要价值之后，村民们这才交出各自私藏的文物，藏匿在库房里的文物也露面了。在库房里，大量珍贵的铜车马仪仗俑和大批铜器，统统挤压在一个油箱里，人为的破损情况非常严重。随即，这批文物全部被转移到安全、适合的地方加以保管。

珍贵的国宝——马踏飞燕（俗称铜奔马）也在这批失散的文物中。

考古人员立即对古墓进行了清理，当他们走进这座黑漆漆的大型古墓时，所见到的是大量的铺地钱，还有一些陶器；当然，他们也看到了被掀翻的棺材板和尸骨。古墓丰富的、重要的随葬物品早已经被社员们转移出去了。

古墓分前、中、后三个主墓室。

墓门向东开启，从墓门到后室总长19.34米。前室向东由甬道和墓道构成。墓葬甬道的右侧壁有一口古井，井口直径为1.2米、井深约12.8米，它那独特的"人字型"的砌砖方式在我国考古发现中并不多见。古井到底是什么用途，是用来排水的，还是为了迷惑盗墓者，今天已经无从知晓。

马踏飞燕和铜车马武士仪仗俑就陈放在墓葬前室的右耳室。其他铜器用品则都存放在中室，中室右耳室则陈设有高达5层的陶楼院和大部分陶器物品。后室较小，是墓主人夫妇合葬的地方。这里还发现了4枚印有"将军"印文的龟钮银印。

考古专家们在清理墓葬时，还发现了几个早期的盗洞，至于当时被盗走了什么，已经不得而知了。但是，可以估计得出，盗墓者很可能看上的是古墓中金银珠玉等当时看起来值钱的东西，看起来价值不大的青铜车马，自然引不起他们的兴趣，正因为如此，铜车马仪仗俑队才得以完好保留至今，并成为人类的共同文化遗产。

历史经常这样捉弄人，不幸的墓葬幸运地遇上了不太识货的盗墓者，为后人留下了精美的宝贝。

墓葬虽曾多次被盗，但仍出土了230多件珍贵文物，尤其是还有堪称国器的、铸造精美的99件铜车马仪仗俑。用大规模铜车马仪仗俑进行随葬的现象，在汉代考古发现中极为罕见。可见，这位墓主人生前地位非常显赫。这位墓主究竟是谁？他的身世究竟有多么显赫？

这些问题引起人们的极大关注。从墓葬的形制、出土陶器、出土"四出五铢钱"和铁镜以及出土铜马上的铭文判断，雷台墓的年代应是东汉时期。

在出土的12件男女铜人俑背后，分别刻有"张氏婢"和"张氏奴"字样，由此可以断定墓主人姓张。胸前有铭文的8匹铜马及4枚将军银印则告诉人们，墓主曾担任过"张掖长"，后又升兼武威郡的"左骑千人官"。4枚将军银印证明这位墓主人生前曾4次被册封"将军"，还兼任过武威郡郡守。另外，墓葬出土的铜钱多达28000多枚。而根据东汉的礼制，称得上"两千石"官爵的太守死后，铺地钱才能达到20000枚，这也说明墓室主人的身份比太守可能更高。

出土铜马上清楚刻有"张君前夫人"和"张君后夫人"的铭文，按规定诸侯的妻子才能被称为夫人，看来，墓主人的最高身份是诸侯。难怪，墓葬如此的奢华！

马踏飞燕的疑问

在众多奢华的随葬品中，最为引人注目的还是由99件铜车马武士俑组成的一支气势磅礴、威武雄壮的庞大的仪仗队伍。这支仪仗队，包括38匹马、一头牛、14辆车、17个手执矛、戟、钺等兵器的武士俑，及29件各式立座奴隶牵马俑。在仪仗队伍的最前面带头的，就是马踏飞燕（铜奔马）。它显得格外的突出，它的英姿与武士仪仗俑彼此互应，令人叹为观止。马踏飞燕全重约7.15公斤，高34.5厘米，长45厘米，宽10.1厘米。其主体造型是一件飞奔中的马。马昂首嘶鸣，扬尾御风，三足腾空，右后足践踏在一展翅翱翔的飞鸟之上，飞鸟于惊愕之中回首注目，正可衬托出奔马飞跃迅捷，疾如闪电。整个塑像突出创造了奔马快捷如飞、神速超群的境界。同时，奔马全身的着力点集中在飞鸟之上，既表现了奔马风驰电掣般的速度，又巧妙利用飞鸟的躯体以及展开的双翅，扩大了塑像着地的面积，稳定了重心，与力学平衡原理不谋而合。

马踏飞燕虽然是静止的、定型的，但却给人以静中有动、静似在飞、腾雾凌空、一跃千里的感觉。我们已经不知道是哪位工匠制作了这件惊世杰作，但是，我们知道这件杰作不仅制作精美，其造型艺术也非常独特，充分展示了设计者丰富的想象力和高超的艺术创造力。设计师以娴熟精深的技巧，把奔马所具有的力量和

东汉马踏飞燕（复制品）：1969年甘肃武威雷台汉墓出土。马踏飞燕是汉代青铜器的精品，也是我国古代工艺品中的上乘之作。

速度融合成充沛流动的气韵，并浑然一体地贯注在昂扬的马首、流线型的身躯和四条刚劲的马腿上。塑像取得了形神兼备、气韵生动的完美效果，极具浪漫主义色彩和感染人心的魅力。

两汉时期是一个在开疆拓土、气吞六合的气势中孕育强健魂魄的时期，它可谓是中华民族的青春时期，那时，整个文化表现着昂奋、刚阳、恢弘的气质，当时的艺术创造，也淋漓尽致地展现着中华民族历史上最为辉煌的大汉神韵。汉代人几乎没有什么陈规局限，他们甚至将鸵鸟等来自西域的禽兽刻成塑像，竖立在神道碑前，为自己守陵。在陵墓里，则用金缕玉衣、长信宫灯、马踏飞燕等精美绝伦的工艺品陪葬。在慨叹他们奢华的同时，我们也不得不钦服他们的宏大与精致。

马踏飞燕才一出土，便一直谜云重重，吸引了大批专家学者孜孜探求，从而形成了独特的"天马文化热"。

最主要的争论是关于它的创作源泉的，也就是说究竟此马是因何而创制的。因为马踏飞燕出自我国西部的河西走廊，又是汉代的作品，所以，人们首先就联想到了传说中的天马。

很多学者认为铜奔马象征的是"天马"，也就是"汗血马"。《史记》里曾有记载，"神马当从西北来。"天马原产地在大宛，也就是现在西北亚的伊犁和巴尔喀什湖一带，据说，天马能够日行一千，夜行八百而不疲倦。它出的汗，是血红色的，所以，又被称为汗血马。有了这些神奇之处，人们再略作夸张，这种马就变成了一种无翅能飞的宝物了。从铜奔马体形硕大强健、四肢修长的形体特征分析，它的确是以西域"大宛马"，即汉代所谓的"天马"为原型而铸造的。

这种宝马令当时的汉武帝神往不已，他曾作诗吟唱天马。汉武帝如此喜爱天马，并不是为了观赏它，主要是出于军事的考虑。马是古代重要的交通工具，又是军队作战中最有力的能动武器。谁拥有了良马，谁就拥有了更大的作战主动权。西汉王朝经常和骑马民族匈奴作战，每年都要消耗大量的马匹。卫青、霍去病北伐匈奴，一次动用了14万匹军马，征伐结束后，14万匹只剩下了3万匹。内地的战马损耗大，除了作战激烈，也有马匹本身素质的原因。当时的人们并不懂得为战马钉掌，一遇战争，马蹄磨损极快，而马蹄一旦磨损，战马也就该退役了。天马其实是山马的一种，蹄脚坚硬耐磨，服役时间相对中原马要长得多。而且，天马比汉人和匈奴人骑的马更为高大，能走左右摆动的对侧快步，更适合装备全副披挂的重甲骑兵，于是，搜寻天马就变成了汉武帝的一大嗜好。为了得到天马，他几乎不惜任何代价。他甚至专门派贰师将军李广利发兵十万，征战数年，迫使大宛献出了3000多匹汗血马。天马得到了，汉朝也为此付出了无数战士的鲜血和生命。

至于天马在作战中的具体表现，今天已经不得而知了。事实是，汉武帝的确彻底打败了来自北方草原的骁勇的游牧民族——匈奴人。从此，天马的故事就广为流传，"天马行空"的成语也由此生成。天马成了一个历史文化概念。

马踏飞燕中的马同一侧的两条腿同时向一个方向腾起，这种姿态有一个专门的术语叫"对侧步"。这在一般马的奔跑中是看不到的。但是，我们可以在野马及其他野生动物那里，欣赏到这种步伐的风采。难怪人们认为它反映的是天马的雄姿。据说，在现代赛马场上，也只有一些极为精良的赛马才能跑出对侧步。

马踏飞燕正好体现了古代人们渴望用力量和速度来缩短漫漫征程的心意，艺术家和工匠师们在铸造的时候，自然也就使它带上了几分理想色彩，而这种理想色彩恰好与中华民族勇往直前的进取精神相一致。诗人、作家也不吝赞颂的词语，李白就曾在《天马歌》中写道："回头笑紫燕"，他的描写与马踏飞燕的雕塑何其近似呀！

也有人则认为铜奔马是汉代"相马式"的产物。"相马式"是评判良马的标准，这件铜奔马从形象特征完全符合良马标准。还有学者认为铜奔马是墓主人的坐骑。但马蹄下面那只奇特的飞鸟，使这一观点遭到否定。

究竟奔马是为何而制的，仍然没有绝对的定论。塑像的制作者是谁，也还是个谜。有学者推断铜奔马的设计师为东汉明帝时的武威太守张江，张江生于公元前1年，冀州（今河南、山西一带）人，擅长铸造马式，在西北一带颇负盛名。他原名析宰，汉明帝赐他名"张江"，封南阳析侯，拜破羌将军、武威太守，兼摄左骑将军、张掖县长。公元60年，张江受封太守后，为报明帝知遇之恩，铸造铜马作为贡品上进朝廷。但是，这也只是一家之言。

马踏飞燕重重疑云的第二处集中在马踏的鸟身上。对这只神奇的飞鸟，专家们曾有不同的解释。郭沫若等大多数人从飞鸟的飞行姿势和翅膀样式判定，飞鸟是燕子。燕子以平均每秒80米以上的飞速居飞禽之首。人们在马下塑造一只飞燕，显然是为了衬托马迅捷的奔跑速度，并以此来证实它是一匹天马。因此，郭沫若给整个塑像取名"马踏飞燕"。另有专家认为，鸟的整体造型较修长，头部较圆，颈部较粗，眼睛大而突

雷台汉墓墓室：位于甘肃武威凉州区。

出，双肩耸起，尾部较长，而且不分叉，这绝对不是燕子的特征，而应是一种猎鹰。还有人认为飞鸟是"龙雀"。龙雀最早受秦人的崇拜，也叫"飞廉"，人们称之为"风神"，常以鹿头马身、长着翅膀的形象出现，后来逐渐演变为龙头马身。汉朝时，"飞廉"改称"龙雀"。但同时代出土的"龙雀"与这只飞鸟没有丝毫相似之处。

马踏飞燕以它那浓厚的艺术气息，征服了无数的观众，也赢得了专家、学者的赞赏与喜爱。当年，郭沫若先生非常欣赏它，曾现场泼墨挥毫，写下了"四海盛赞铜奔马，人人争说金缕衣"的诗句。1971年，经郭沫若举荐，马踏飞燕运抵北京展出，引起史学界极大的震动。

1973年，又经他极力举荐，外交部长陈毅安排马踏飞燕与一批国宝级文物一起，赴世界各地巡回展览，发动了一场"文物外交"，轰动了整个世界。在美、英、法、日、意等国家展出期间，观众如潮，将奔马誉为"绝世珍宝""天才的中国马"。从此，铜奔马名扬世界。1984年，国家旅游局正式将铜奔马定为中国旅游标志图形。1986年，中国历史文化名城武威市将铜奔马定为该城市城标。从1973年到2002年，我国还先后发行了4枚以铜奔马为图案的邮票。马踏飞燕走上电视台，走进中小学教材，甚至还曾作为高考作文题与几百万莘莘学子见面。1996年，它以绝妙的构思和完美的艺术造型，及高度的科学性和永恒的艺术魅力，被国家文物局专家鉴定小组确认为国宝级文物。2002年，国家主席江泽民将铜奔马复制品作为国礼，送给前来访问的美国总统乔治·布什。

今天，当人们面对昂扬的奔马时，最容易联想到的雕塑可能是汉代英雄霍去病墓前的石雕"马踏匈奴"。石雕的主体是一匹与霍去病生死相依的马。石马实际上是霍去病的象征。它形态轩昂，英姿勃发，一只前蹄把一个匈奴士兵踏倒在地，手执弓箭的士兵仰面朝天，露出死难临头的神情。整个雕塑，使勇敢而忠实的战马跃然而出，又好像纪念碑一般持重圆浑。它与马踏飞燕一样，运用现实主义与浪漫主义相结合的表现手法，典型地体现了汉朝人质朴、深沉、雄大的气质特

霍去病（公元前140—前117年），河东平阳（今山西临汾西南）人，卫青的外甥，汉武帝时期抗击匈奴的名将。霍去病善于长途奔袭，多次率军与匈奴交战，杀得匈奴节节败退。可惜英年早逝，去世时年仅23岁。

国宝的故事

点。

　　历史已经往去，战马已经朽乱，将军与他的赫赫战功也一同烟消云散，唯有这些古远的雕像依旧陈展在我们的面前，诉说着千年之前的故事，显示着中华民族积极刚健的民族精神。

《孙子兵法》竹简

　　如今，电脑已经成了我们难以离弃的书写工具了。电脑的出现，对于书写来说真是一场划时代的革命。殊不知，曾几何时，我们写字使用的笔和纸，在人类书写历史上也曾带来过划时代的革命。笔的出现较早，纸则姗姗来迟。一直到东汉时期，才由中国人首先发明并享用了纸张。之前，我们的先民们有的把字刻在龟甲和兽骨上，有的写在泥板上，有的铭于青铜器内，有的撰在金贵的丝绸布帛之上。但是，青铜与丝帛不是一般人所能拥有的物品，所以，在中国，普通的文书则更多地被写在竹片和木牍之上，人们称之为简牍。简牍是2000年前，尤其是春秋战国秦汉时期最常见的书。

　　简便的纸张出现了，笨重的简牍这才逐渐走出人们的视野。进入20世纪，各地纷纷出土古代简牍，敦煌汉简、居延汉简、睡虎地秦简、郭店汉简、长沙三国吴简，等等。小小的竹简和木片承载着惊人的历史信息，向今人诉说着久远的战争、分封、商贸、戍守，尘封的历史似乎又被再度打开……

　　众多出土简牍中，山东银雀山汉简有着特殊的意义，因为，该简中出现了国宝级文物——《孙子兵法》竹简。

　　1972年4月10日，已是暮春时分，在人文荟萃的古代琅琊郡——今山东临沂市银雀山，当地卫生部门正在开展基建工作。机器轰隆，人声鼎沸，挖土填基，工人们干得热火朝天。突然，不知谁惊叫了一声，这是什么？大家的目光都被吸引了过去，青褐的土层，深色的土砖，大家眼前出现了一座古代的墓葬。发现古墓了，消息随之传了开去。工地立即停止了挖掘，将这一消息汇报给临沂城关建筑管理

《孙子兵法》竹简出土遗址：山东临沂银雀山汉墓。

63

站，建筑管理站立即将消息报告到了临沂文物组。

4月14日，文物组派人来到了工地，他们专门分派人员看管着已经出土的一些器物，又派人负责维持现场的秩序，然后，再由几个比较有经验的考古工作人员带领着几个工人下到墓坑进行发掘、清理。挖掘开始的时候集中在1号墓。参与挖掘的工人在墓葬的边厢发现了一些细长的竹片，他们当然并不了解这小竹片的价值，只是按照事先定好的程序，将小竹片递给发掘现场的考古工作人员。考古工作人员略略一看，是竹简，上面刻有文字！大家的心情一下子高涨了起来。是啊，对于文物贩子来说，这些小竹片也许远远不如金银珠玉值钱，但是，在考古学家眼里，这些镌刻文字的竹片可是难得的宝贝。它们可是古人的书籍啊！那该包含了多少今天不太清晰的历史内容啊！考古人员随即对竹片进行了仔细的清洗，通过认真地辨认，他们发现竹片上刻有"齐桓公问管子"等字样。

这可是个非常诱人的信息。大家分析，这个墓葬可能不简单，应该再向各级领导汇报，并请派军队专门保护挖掘现场。于是，现场的几位考古工作人员分头向当时的地、县领导汇报了发现墓葬的情况。说来也巧，当时，山东省博物馆的几位工作人员正好出差到临沂了解出土文物保护的情况，他们也一起参与了这次发掘。接着，临沂军分区得到发现竹简的相关部门的请求后，也立即派出一个班前来协助，24小时全程值班，保护挖掘现场。

两天后，由山东省博物馆另行派来的考古工作人员在当地文物工作人员的陪同下，继续对墓葬进行清理。4月18日，工作人员在清理1号墓时，又发现了2号墓。此时，考古工作人员们分工负责，处理剩下的工作。他们有的做记录，有的为文物填写标签，有的则专门介绍出土文物的名称、质地、功用等，还有的则负责保护这些出土的宝物。20日下午的时候，两座墓葬的发掘清理工作全部结束。

通过对出土文物略作统计，考古专家们大吃一惊，他们这才感觉到：这是一次收获巨大的考古挖掘。分析表明，这是一个西汉早期的墓葬，墓葬共出土了竹简7500余枚，其中1号墓出土近7500枚，2号墓只出土

了32枚。1号墓墓主姓"司马"。"司马"是当时一级
军官的泛称。根据古代以官为姓的社会风尚，墓主本人
可能就是军官，或者是军官家庭、家族的出身，或者是
军事爱好者，这三者必居其一，所以，他死后，才会随
葬那么多兵书，以及与军事有关的占卜书。

墓葬竹简刻书的字体属于早期隶书体。由于长期
浸泡在浑浊的泥水中，这批竹简的表面呈现出深褐的颜
色。两个汉墓的竹简略微有些不同。1号墓竹简可以分
为长短两种。长简占绝大部分，每枚长27.5厘米，宽
0.5—0.7厘米，厚0.1—0.2厘米。短简长约18厘米，
宽0.5厘米。从残简遗留的痕迹可以看出竹简是用绳
编联成册的。长简大部分为3道编绳，短简则为2道编
绳。2号墓竹简比1号墓长，简长69厘米，宽1厘米，厚
0.2厘米，全为3道编绳。墓葬竹简的文字都是编联成
册后，用毛笔蘸墨写成的。整个竹简的书写字体，分为
规整和草率两类，每类又包含多种不同的字体。竹简行
款的大部分为每行35字左右，最密的往往超过40字，
最疏的仅20余字。

竹简书的每篇有篇题，有的写在篇首第一简简
背，有的单独写在一简上，有的则写在篇尾。竹简正面
书写简文，全篇结束后又于尾部标出全篇总字数。每篇
文章自成一卷，以简尾为轴心，文字朝内从左向右逆时
针卷起，这样，竹简卷起之后，一卷的第一片简背面的
篇题就呈现在卷外，阅读者一看即知该卷竹简的标题，
便于读者了解文章内容，也便于检索。

这些竹简的制作非常不易，工艺要求精细。东汉
初年的著名学者王充曾在《论衡·量知》描述竹简制作
的过程。他写道："截竹为筒，破以为牒，加笔墨之
迹，乃成文字"，这就是竹简的由来。刻竹简首先需要
选好适宜的材料——竹子。刻简者通过对竹子严格的
挑选，择取其中膘厚体直、表面光洁没有疤痕的以作使
用。砍下竹子之后，他们先对竹子进行刮青、去节、破
片、晒白，然后，再起层、过匀刀、切断面、上球磨，
又让竹子经过20多小时以上的蒸煮漂白杀虫工序，这才
将粗料变成为一片片整齐划一的胚料。胚料制成了，刻
简工人根据加工的需要，杀掉胚料的缺口，给胚料钻上
线孔，以备编册的时候使用。接下来，还需要根据书籍

王充：王充（27—约97年），字
仲任，会稽上虞（今属浙江）
人，东汉思想家、文学理论家。

内容，按照竹料不同的色泽和纤维走向对胚料进行配搭排版，一一编号备用，目的是让每册竹简都能达到美观统一的效果。文字刻写完毕后，刻简工人仍要花费很多时间对竹简书籍的内容进行逐字逐句的反复检查校对，每个标点符号、每条花边装饰都要修改完善，确保竹简内容的正确、版面的完美。

两汉对竹简的制作甚至有比较详细的明文规定，简长、简宽都应该符合一定的规范。装订成册的竹简也就是当时常用的书籍了。竹简需要经常被翻读，所以，装订的绳子有时用的是坚硬的牛皮。

前人往往先从以刀刻字到用笔书写，再绳编为册，简牍文字中最为重要的竹简文字形成了。学富五车的成语反映的也正是竹简书籍在知识载体中的地位。只是到造纸术发明之后，竹简才被更为理想方便的纸张所取代。仿古竹简书首先要选用适宜的材料。

墓葬出土工作大略结束后，考古专家们共同对出土的竹简和全部文物逐一进行清点、查对、登记、造册，然后再将之封箱、装车，由全副武装的军人护送到当时的山东省革命委员会政治部文化组。随后，山东省博物馆专门派人携带此次出土的竹简远赴北京参加整理研究工作。而国家文物事业管理局也组织了专业考古专家对竹简进行进一步整理。

1974年成立了银雀山汉墓竹简整理组。首先进行《孙子兵法》《孙膑兵法》二书的整理，参加这两部书初稿本编辑工作的有中华书局的杨伯峻、魏连科等，中国历史博物馆的史树青，中山大学的商承祚、曾宪通，故宫博物院的罗福颐、顾铁符，北京大学的朱德熙、孙贯文、裘锡圭，山东省博物馆的吴九龙、湖北省沙市文化馆的李家浩等人。整理组将全部竹简整理编成《银雀山汉墓竹简》一书，分三辑出版。朱德熙、裘锡圭、李家浩、吴九龙参加了第一、二两辑整理工作的始终，吴九龙担任了第三辑的全部整理考释工作。文物出版社先后于1975年出版了线装影印本，1985年出版了修订本。

银雀山汉简出土的消息一经传出，海内外为之惊叹，新闻媒体纷纷报道这一轰动性新闻。新华社1974年6月7日发出通稿，《人民日报》《解放军报》《光明日报》等报刊转载。《红旗》杂志还发表了《从银雀山竹简看秦始皇焚书》的专论。

　　通过整理，人们发现，银雀山汉简以兵书为主。兵书的内容主要有：《孙子兵法》《孙膑兵法》《六韬》《尉缭子》《守法守令》等13篇；论兵的篇章有《将败》《将失》《兵之恒失》《为国之过》《务过》《分土》《三乱三危》《地典》《客主人分》《善者》《五名五恭》《起师》《奇正》《将义》《观法》《程兵》《将德》《将过》《曲将之法》《雄牝城》《五度九夺》《积疏》《选卒》《十阵》《十问》《略甲》等；另外还有阴阳杂占方面的《曹氏阴阳》《天地八风客主五音之居》等20余篇。如此多的古代军事文献集中出土，在中国历史上尚属首次，这是中国考古史上一次罕见的重大发现。难怪它的出土引起了巨大的轰动。

　　竹简的兵书中，有两部最为重要，这就是《孙子兵法》和《孙膑兵法》。提到《孙子兵法》，中国人没有不知道的。长期以来，大家都认为这部书的作者就是孙武。孙武也因此成为中国历史上最具影响力的军事家，被誉为"兵学鼻祖"。孙武字长卿，是春秋末期齐国乐安（今山东惠民）人。

　　孙武的先祖是陈国的公子陈完，因为陈国内乱，就逃到了齐国，改姓田氏。到了齐景公时，孙武的祖父田书因征伐莒国有功，被齐王赐姓孙，食邑于乐安。孙武青年时代，正赶上齐国出现"四姓之乱"。他因而离开了齐国，来到南方新兴的吴国，并结识了来自楚国的军事家伍子胥。在伍子胥的竭力推荐下，孙武得以晋见吴王阖闾，并呈上了自己的兵法"十三篇"。然而，吴王虽然久闻孙武大名，却对他的军事才能有些不太相信。当时，他给孙武出了一个难题。他让孙武按照兵法操练一下王宫中的后妃，以此验证孙武兵法的威力。孙武接下了这个任务。他将众妃子、宫女分成两列，并让吴王最为宠爱的两个妃子分别担任两队的头领。可想而知，这些平日娇生惯养，扭捏作态的妃子当然不会听从孙武的军令了。孙武颁布军令后，她们一个个仍然嬉嬉哈哈，东倒西歪，根本站不成列，更不用说前进后退了。于是，孙武命令军士将为首的两个妃子推出斩首。吴王与妃子们还以为是开玩笑，等到两颗血淋淋的人头

孙武：生卒年不详，字长卿，春秋末年齐国人，约活动于公元前6世纪末至公元前5世纪初。

孙膑：生卒年不详，其本名不传，因其受过膑刑（剔去膝盖骨），故名孙膑。是孙武的后人，生于齐国阿、鄄之间(今山东阳谷县阿城镇、鄄城县北一带)。战国时期齐国的军师，中国历史上卓越的军事家、军事理论家，著有《孙膑兵法》。

拿上来后，他们才知道，这回不是闹着玩儿的。

接下来，孙武发布他的军令，妃子们一个个肃静听令，不敢有违。一支由妃子们组成的队伍操练起来，也有模有样，彻底地征服了吴王。吴王因此非常赏识孙武，任他为吴国的将军。在孙武和伍子胥的带领下，吴国军队的作战能力得到空前提高。他们甚至打败了一直压在吴国头上的楚国军队，并攻入楚国的都城，差点儿俘获了楚王。吴国从此也强盛了起来。

孙武的兵法思想主要表现在他的著作《孙子兵法》中。《孙子兵法》是迄今可以见到的最早的军事理论著作，它构筑了一个精美恢宏的兵学体系，影响了后世兵学发展的方向，在传统兵学中占有十分重要的地位。在《孙子兵法》中，孙武提出了"不战而屈人之兵"、"知彼知己，百战不殆"等军事思想。在孙武看来，战争的目的是为了不战，和平才是社会的最终和最好的形式。他的这些思想直到今天，仍然非常合理、非常科学。可以说，中国传统兵学的大体框架在孙子那里已经基本确立了。正是在这种意义上，前人曾评价《孙子兵法》一书道：在孙子之前的，孙子尽行吸收了；在孙子之后的，不能超过孙子。曹操非常推崇《孙子兵法》，唐太宗李世民更是认为天下兵书没有超过《孙子兵法》的。《孙子兵法》被尊为兵经，被历代兵家奉为圭臬，其原因正在于此。即使在国外，《孙子兵法》也倍受推崇，日本人称孙武及《孙子兵法》是"东方兵学的鼻祖，武经的冠冕"。目前，《孙子兵法》有朝鲜文、日文、英文、俄文、越南文、泰国文、缅甸文、马来西来文、西班牙文、希伯来文、阿拉伯文、法文、德文、意大利文、捷克文、罗马尼亚文、荷兰文、希腊文等20多种不同语言的译本在世界各地流传，反映了以《孙子兵法》为代表的中国兵学在世界上的地位与影响。

孙膑是孙武的后人。他是战国中期齐国人。关于孙膑，有许多动人的传奇故事。他年轻时，曾和魏国人庞涓同拜鬼谷子为师学艺。因诚实好学，深得先生喜爱。后庞涓到魏国拜将，因妒忌孙膑的才能，派人把他诓到魏国，施以酷刑，剜去了膝盖骨，并把他软禁起来。孙膑得知了庞涓的阴谋，佯装疯癫，逃到了齐国,齐威王任命他为军师。公元前353年,魏军在庞涓率领下,大举攻赵。赵国向齐国求救。孙膑主张不与魏军大兵正面接触,避实就虚,与田忌率兵直攻魏国国都大梁(今开封),迫使庞涓回师救援。孙膑在桂陵(今山东菏泽)设下伏兵,大败庞涓,这就是历史上著名的"围魏救赵"的故事。公元前341年,魏又派庞涓率兵攻韩。孙膑还是采取"围魏救赵"的老办法,迫使庞涓撤兵。孙膑得知庞涓撤兵的消息,马上班师,并采用减灶法诱敌穷追。第一天,他命士卒建灶10万,第二天减至5万,第三天只剩下了3万。庞涓看到齐国军队灶数屡减,误认为齐军胆小害怕,以致溃逃,就挑选了精骑两万,由他和太子申率领,快速追击。孙膑选择了两山夹峙,草丰林密的马陵(今河北大名县)道,埋伏下一万名弩兵,伐木堵路,并在一棵大树上写了"庞涓死此树下"六个大字。庞涓奔至马陵,已近黄昏,看到道路堵塞,大呼中计,但为时已晚。他只好硬着头皮命士卒清除路障,清到大树下时,恍惚之间,见树上有字迹。他急忙令士卒点火细看,这下正好给齐军发出了攻击信号。齐军顿时万弩齐发,魏军大败。庞涓自刎,太子申也被齐军俘虏。齐国大获全胜,威名远播,诸侯纷纷东面朝齐。孙膑也因此而青史留名。

孙膑致力于兵书战策的研究,著成《孙膑兵法》一书。竹简本《孙膑兵法》含《擒庞涓》《见威王》《威王问》《陈忌问垒》《篡卒》《月战》《八阵》《地葆》《势备》《兵情》等篇。由于时代的变化,《孙膑兵法》与《孙子兵法》相比,在攻城、列阵和加强新的军事装备方面,创新不少。《孙膑兵法》很强调攻城法,是第一部比较具体地提出如何攻城的兵书。

可以说,孙膑发展和补充了孙武的军事思想。

孙武和孙膑,一直是民间公认的军事家,他们的著作也为后世百姓所认可。但是,学者们并不这样看。关于孙武、孙膑及《孙子兵法》《孙膑兵法》,一直存在着许多争议。

先说孙武与《孙子兵法》吧。《孙子兵法》最早见于《史记·孙子吴起列传》,被称为"十三篇"。但是,《汉书》却记载《吴孙子兵法》共有82篇,另加9卷图。在竹简本出现之前,最早的《孙子兵法》版本是三国时期曹操所注的《魏武帝注孙子》本。基于如此众多的矛盾，20世纪以来，很多学者认为孙武其人与书，都出于后人伪托。有人指出，孙武既然是吴王阖闾的重臣，那么，为什么春秋传记没有关于他的记载呢？换句话说，他们认为根本就没有孙武这么个人。又有人认为，孙武和孙膑就是一个人，名武，因为膑脚了，所以，又被称为孙膑。孙武的《孙子兵法》则是战国中后期所作。

孙膑与《孙膑兵法》面临的问题就更多了。《史记》记载孙武的时候，还指出他有兵书13篇。对于孙膑，《史记》只说他是战国时人，也有兵法传世，但是，究竟孙膑留的是什么书，书有多少章，《史记》并没有交代。比《史记》成书晚的《汉书》记载有《齐孙子》（即《孙膑兵法》）89篇，图4卷。然而，到了三国南北朝，这个《齐孙子》就已经失传了，各种书籍都不见对它的记载。因此，后人大多怀疑孙膑其人及其兵法的存在，有的认为孙膑就是孙武。又有人进行中和，指出《孙子兵法》源出孙武，完成于孙膑。但是，这一论断又与《史记》《汉书》中关于孙膑自己有兵法著作传世的记载相矛盾。

银雀山同时出土《孙子兵法》竹简与《孙膑兵

《孙子兵法》竹简：1972年临沂银雀山汉墓出土。山东省博物馆藏。1972年4月10日发现于银雀山汉墓。失传1700多年的《孙膑兵法》与《孙子兵法》同时出土，解开了历史上关于孙子和孙膑其人其书有无的千古之谜，被列为"新中国30年十大考古发现"之一。21世纪初，被评为"中国20世纪100项重大考古发现之一"。

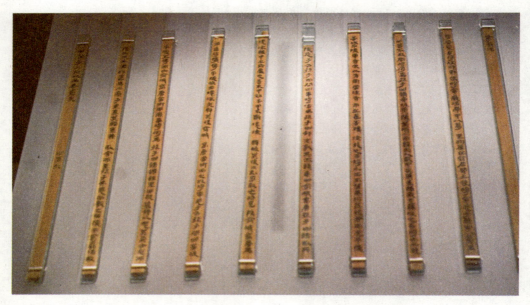

法》竹简，使失传1000余年的《齐孙子》（即《孙膑兵法》）得以重见天日，证实了孙武曾仕于吴国，而孙膑则仕于齐国；孙武、孙膑是两个不同的人，二人分别是春秋和战国人，孙膑是孙武的后世子孙，二人各有兵法传世。从此，关于两部兵书近千年的猜疑和争论也自然消散了。

为了保护这些珍贵的国宝，当地政府在考古挖掘的原址建起了银雀山汉墓竹简博物馆，1989年10月，这个占地10000平方米的博物馆正式对外开放。全馆按照中国古典园林式样建筑，迄今为止，已经接待国内外游客50余万人次。

国 宝 的 故 事

素纱禅衣

马王堆汉墓遗址：位于湖南长沙，是西汉初期长沙国丞相利苍的家族墓地。

湖南长沙是一座有着2000年历史的古城，但是，在2000年前的西汉时期，长沙还是一个比较偏僻的地方。当年，大文豪贾谊失宠于皇帝，从政治中心长安被贬谪而出，他的去处就是长沙。西汉之后大约1000年，到了五代时期，中国疆土分裂，群雄纷争，一个名叫马殷的诸侯割据楚地，以长沙为中心，注重民生，用心经营，统治长达50余年之久。长沙也是当时中国一块难得的富裕安定之地，马殷也留下了不错的名声，被当地人尊称为马王。如今，长沙很多的带马字的地名就与这位侯王有关。

在长沙众多带马字的地名中，有一处颇为特别。该处名叫马王堆。为什么叫马王堆呢？原来，根据清代编著的长沙地方史志的山河图，位于长沙城外东北方向的马王堆，据说是楚王马氏的疑冢。楚王马氏指的就是马殷，疑冢在古汉语中意思就是欺骗盗墓者的虚假坟墓。

马王堆真的是马殷的疑冢吗？人们不禁有所怀疑。然而，更令人吃惊的是，通过后来的挖掘，人们发现，这个大土堆建成的时间居然比马王时代更早，它的文化价值也比作为马王疑冢还要大。

喷火的古墓

时间倒回到1971年的长沙，一天，一支军队又在马王堆附近的山脚下开挖地下防空洞，谁也没有料到，当挖掘深入到下层时，突然，地下土层的罅隙中喷出了闪亮的活火。现场的军人们都惊呆了，毕竟，这种地下喷火的神秘现象，以往的军事工程还很少遇到。此事立即引起了现场领导的高度重视，他们急忙向上级汇报，并向地质部门等多家单位咨询，同时，由于怀疑可能挖到了战争时期遗留下的地下军火油料库，一支工兵小分队就被派到现场。防空洞中喷出的火焰一直还在闪烁着，不过，似乎已经变得越来越微弱了。在地上，人们仍然没有找到喷火的原因。最后，大家想到了湖南省博物馆。此时已是三天之后了，喷火则更加微弱了。

博物馆的考古专家已经来不及收集防空洞喷出的气体了。但是，他们马上将马王堆的奇异现象与考古界多年来的传说联系了起来。根据考古文献记载，盗墓者有时会碰上一种古墓，墓中会喷出一种气体，遇火即燃，这种墓被称为火坑墓。千百年来，由于盗墓者对火坑墓充满着敬畏，所以，他们将这种墓葬描述得神乎其神。说什么一旦墓坑喷火，先会发出轰然巨响，不一会儿，火焰就从里喷出，火头高达五六尺，燃火呼呼直闪，整个墓坑充满烈火，所有在场者悉数葬身其中。

然而传说毕竟是传说，在近现代考古学家们的正式挖掘报告中，还没有谁亲眼见过喷出火焰和气体的古墓。来自博物馆的考古专家开始了他们科学的认证。经过仔细的探测，他们证实，马王堆下埋藏有三座古墓，神秘气体确实出自其中的一个。遗憾的是，考古学家们此后再也没捕捉到神秘的气体，它到底是什么气体呢？人们只能做出没有实证的推测了。博物馆随即动员起所有人员，组织了一个大约30人的临时考古工作队。在发现神秘喷火的20天后，马王堆火坑古墓的挖掘正式开始了。10多天后，考古队员们找到了神秘古墓的位置。

那是一个巨大的古墓葬，共有四层台阶，占地面积350余平方米，开口长20米，宽17米。这么大规模的墓葬，在中国古代并不繁荣的中南地区并不多见，从挖掘的现场情景看，马王堆并不像是个疑冢，倒更像一个诸侯王的真实陵寝。

在马王堆现场，考古专家们顺着古人挖的墓坑台阶一级一级地向下挖去。几天后，挖到了第三层。在下挖的过程中，大家先后发现了三个盗洞。这三个盗洞应是盗墓贼留下的。一般说来，古代盗墓人挖的洞是圆的，而近代盗洞的洞口往往为方形。考古专家们眼前的一个洞口就是圆形的，视力所及，洞深不可估测。人们不禁忧心忡忡，十墓九盗，此墓莫非已经被盗？

此时已是1972年的春天，尽管长沙淫雨霏霏，挖掘现场泥泞不堪，但是，所有的考古专家还是尽心地向下挖掘着。直到向下整整挖掘了17米后，令人忧心的盗洞突然间消失了。大家悬起的心不由得放松了下来，甚至有一些暗暗的庆幸。

盗洞的消失是这次考古挖掘的分界线。不久，就在考古队员向下再挖掘40厘米的时候，地层里出现了考古中常见的白胶泥。这是一种不渗水、气密性非常好的胶泥。秦汉时代，南方墓葬多用它来密封棺木。马王堆的封土白膏泥竟然厚达一米，按照常规，白胶泥的下面应是一层厚厚的木炭，木炭的下边就应该是棺木了。专家们兴奋不已。因为，这样的墓制结构说明此墓是一座2000多年前的汉墓，而且，还是一座不寻常的汉墓。这就是后来的马王堆一号墓。

至此，湖南省博物馆感到马王堆古墓事关重大，于是，他们停止挖掘，将情况报到了国务院。相应地，一些已经下放的考古专家被紧急招回，派往长沙马王堆。几天后，北京的专家到了，人们期盼已久的时刻来临了，马王堆一号墓室终于打开了。

最后一层木炭被移开后，金黄色的棺椁外席显露了出来，揭开席子，映入人们眼帘的是仿如新鲜木质一样的棺椁，每个人几乎不敢相信自己的眼睛，木棺竟然保护得这么好！

椁板被揭开了，包裹着棺材的三层椁板之间储积着大量的陪葬品。其总数达到1000多件。古墓的棺木共有三层，每一层都绘有精美的图案，在最里面的内棺棺盖上还放着一副祈祷灵魂升天的帛画。

棺木被仓促地打开了。人们首先看到的，是一种深红色的棺液。抽掉棺液后，一个用丝绸严严实实地裹着的尸体露了出来，它就是著名的马王堆干尸——一位2000年前的汉代贵妇。专家们似乎有些失望，因为棺材中并没有西汉皇室的随葬服装——金缕玉衣。但是，随着清理工作的进行，他们有了另外的发现。他们发现了以前极少见到的2000年前的丝织品。专家们知道，丝绸纤维中的动物蛋白质极易腐烂，所以，丝绸也最难以保存。他们用精致的手术刀作为剖取丝绸的工具，小心翼翼地剥离出裹在尸体身上的丝绸。从贵妇身上剥出的丝绸尽管像豆腐般柔软易碎，看起来却光亮如新。这批丝绸织品中，就包含着国宝级的文物——素纱禅衣。那是世界上绝无仅有的古代织品。

薄如蝉翼的禅衣

专家们发现，墓中一些器皿中刻有"轪侯"字样，通过与历史典籍相较，他们证实这座汉墓的主人——上文说所的干尸——是长沙国丞相利苍的妻子。利苍的妻子葬于汉文帝十二年(公元前167年)以后的数年，距今已有2000多年了。更让人称奇的是她装殓的豪华奢美。她的前额及两鬓有木花饰品29件，并贴涂彩金，头发编有盘髻式假发，全身包裹各式衣着、衿被及丝麻织物18层，然后横扎丝带九道，上面覆盖着印花敷彩黄丝绵袍和"长寿绣"各一件，一共20层包裹。随她下葬的陪葬品达3000多件，足以显示她高贵的身份地位。在她所有的随葬品中，丝织品最有价值，也最为珍贵。

经过整理，专家们从马王堆一号墓清出了50多件丝织成品，其中保存完好或基本完整的成件服饰有20多件。这20多件中，有素纱禅衣、素绢丝绵袍、朱罗纱绵袍、绣花丝绵袍、黄地素缘绣花袍、绛绢裙、素绢裙、素绢袜、丝履、丝巾、绢手套等十几种之多。服饰的颜色则有茶色、绛红、灰、朱、黄棕、棕、浅黄、青、绿、白等丰富多彩的品类。花纹的制作技术有织、绣、绘等不同种类。花纹的纹样则有各种动物、云纹、卷草及几何纹等。这是中国考古发现中一次出土古代服饰最多的一次。所有丝织成品中，两件素纱禅衣最为珍贵。其中，一件重48克，另一件重49克，两件重量均不到一两。那件重48克的禅衣，长1.6米，两袖通长1.95米，腰宽0.48米，在领边和袖边还镶着5.6厘米宽的夹层绢缘。如果除去这领口和袖口较厚重的缘边，那么，全衣重量仅为半两多。据专家计算，该禅衣每平方米仅重12～13克，全衣完全可以只手盈握，真可谓是"薄如蝉翼，轻若烟幕"。薄如蝉翼，但蝉翼比之显得更僵硬；轻若烟幕，而烟幕又没有它那么清澈通透。它们是世界上最轻的丝织物品。

这两件禅衣都是穿在锦衣外面的罩衫。在汉代，禅衣往往作为上层人士平日所穿的常服，也可作为一

国宝的故事◈

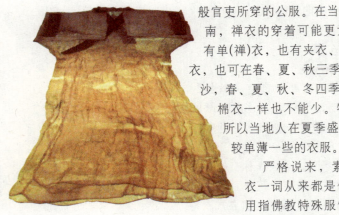

素纱禅衣:长沙马王堆汉墓一号墓出土,湖南省博物馆藏。

般官吏所穿的公服。在当时的南方,尤其是长江以南,禅衣的穿着可能更为普遍。汉代的衣服式样有单(禅)衣,也有夹衣、棉衣。单衣也可以用作内衣,也可在春、夏、秋三季用于外穿。处于楚地的长沙,春、夏、秋、冬四季分明,因而单衣、夹衣、棉衣一样也不能少。特别是长沙,夏日炎热,所以当地人在夏季盛行穿单衣及贴身内衣等比较单薄一些的衣服。

严格说来,素纱禅衣的称呼有误。禅衣一词从来都是佛学专用词汇,它本来是用指佛教特殊服饰的一个专有名词。在世人、佛家及佛教的眼里,禅僧所穿的衣服才叫禅衣。开始的时候,各个佛教宗派所穿衣服都有着大约相同的名称,后来,随着佛教宗派的分立,各个不同教派的衣服又有了彼此不同的名字,如律衣、教衣、禅衣等,各自具不同的款制。

"素纱禅衣"一名可能是"素纱襌衣"之误。根据古代的文献资料,"无里曰襌","襌"的解释是没有衬里的、轻薄的衣服样式,"襌衣"即单衣。由湖南省博物馆、中国科学院考古所编,文物出版社1973年10月出版的《长沙马王堆一号汉墓》(上集)关于纺织品的报告中,就称当时发现的"襌衣"为"单衣"。原书写道:"(2)单衣。共三件。其中素纱单衣二件,白绢单衣一件。329—6号素纱单衣直裾,出土时较完整。另两件都是曲裾,稍残破。"

可能是"襌"字与"禅"字近似吧,总之,这之后,人们就称"襌衣"为"禅衣"了。有意思的是,这个错误的名字居然鸠占鹊巢,成了广为接受的正名了。

素纱的理解就不存在什么争议了。中国人发明并使用丝绸的历史是世界上最为悠久的。纱是丝绸的一种。早在中国的古书《周礼》中就有了素纱的记载。纱,古代往往也写作"沙",是一种质地轻薄稀疏的丝织物,织物表面分布有均匀的方孔,所以,古人又说"方孔曰纱"。到了唐朝,纱中最轻薄透明的又被称为"轻容",意思是重量轻、透明感强。古代的纱虽然一般都是丝织品,但也有用葛制作的纱,只是葛纱的量远远少于丝纱。丝纱的组织结构呈平纹交织的形状,其透空率一般为75%左右，轻薄透明也就可想而知了。至于素纱，主要是指还没有经过染色的纱织物。"素纱禅衣"应该是一种未经染色的纱织单衣。马王堆的这件禅衣的衣料是纱，又没有染色，所以被称为素纱禅衣，也就是素纱襌衣。

　　素纱禅衣不多见，但是，有一种名叫"蝉翼纱"的丝织品，出现的历史倒比较久远。"蝉翼纱"就是纱里极为轻薄的一种。早在东汉的时候，中国人就已经织出这种极为轻盈的丝纱了。那时的人们就将极轻的丝纱命名为"蝉"。古人这么命名蝉翼纱，大概是觉得它轻薄透明，宛如蝉翼吧。所以，这种称呼，是一种比较含糊的形象性称呼，主要是根据丝织品的外形而定的。从织物的角度来看，凡是轻薄稀疏而外观露透的，都可以被称蝉翼纱。根据色彩的不同，蝉翼纱，可以有银红、淡青、白色等各种不同的颜色，它有较为良好的染色性能。这种纱织品可不是一般小户人家所能消受得起的。在《红楼梦》里，贵为四大家族的贾府，库房里也只有数量不多的蝉翼纱。

　　这样一来，有学者就认为，禅衣的得名有可能与"蝉翼纱"有着某种关联。不过，比较普遍的说法，仍是将"禅衣"视作单衣。

　　秦汉的织绣工艺，尤其是汉代，在继承战国传统的基础上，有着飞跃的发展。从马王堆古墓及其他出土的汉代织物中，几可以看出，汉代的丝织品更为丰富，有锦、绫、绮、罗、纱、绢、缟、纨等各种品种。丝织品的花纹也比较多样化，常见的有云气纹、动物纹、花卉纹、吉祥文字、各种几何纹等。汉代刺绣的针法更是比较先进，主要有辫绣，也称锁子绣，其特点是针路整齐，绣线牢固。这样绣出的实物，不仅品类丰富，而且图纹、式样都非常之精美。

　　马王堆素纱禅衣就是最好的例证。它体现了古代缲纺蚕丝技术的高度发达，是当之无愧的国宝。

　　令专家们心急的是，如何有效地保护这一国家级文物。素纱禅衣在出土前，已在地下保存了2000多

国宝的故事◇

辛追复原像：湖南省博物馆藏。中国刑警学院教授赵成文复原。复原的"辛追"，粉面桃腮，唇红齿白。眼大而有神，眉细长而挑，鼻小巧俏皮，唇薄且紧紧相抿，嘴角略微下垂，美丽之中给人一种凛然不可侵犯的高贵之感。

年，当它重见天日的时候，如何完全保证它不被腐蚀和降解，已经成了一个很大的难题。目前，专家正在对其进行复制，想达到既能有效地抢救和保护，也能进行最佳展示的目的。

但是，近年来国内外的各种仿制，即使竭尽心智，穷尽工力，也没有能够达到马王堆的水平。这几年，一些工艺大师在著名丝绸专家的指导下，仿照素纱禅衣面料的纺织、绒圈锦制作到成衣方法，复制出了一件重量仅为49.5克的复制品。这已经是目前最接近原件的制品了，但还离原品有一定的差距。

由此可见，素纱禅衣具有非同寻常的保存、研究价值。

除了素纱禅衣，马王堆这个宝库在丝织品出土方面还具有多个第一。比如，古代最精细最完好的麻布，即一号墓出土的细麻布，共有4种，其中灰色麻布长1.5米，宽0.205米，表层有银灰色涂料，经碾轧处理后像油布一样，经度每厘米为32—38根，纬度为每厘米36—54根。中国最早的绒类织物——一号墓出土的厚革绒圈锦，花幅有宽有窄，图案多样，清晰雅致，主体感强，可以用来作丝绵袍的领子、袖缘、衣带、香囊和镜衣的底，以及枕巾的边缘。世界最早的彩色套印实物——3套版印花纱，等等。

在中国，丝织品等保存较好的大多在西北干旱地区，如新疆等地。然而，长沙是个例外，这个潮湿多雨的地区，丝绸织物竟然能够保存得如此完整、美好，实在是一个奇迹。从这个角度看，素纱禅衣或许是上天刻意留给后人的精美礼品，以让后世之人慨叹我们中华文化的久远与深厚。

帛画

　　长沙马王堆的发现造成了长时间的轰动。因为，它所蕴藏的宝贝实在太多了。诸多宝贝中，最珍贵的有两件，这两件都是国家级文物，也都是由一号墓出土的。一件是前文所说的素纱禅衣，另一件就是本文所谈的帛画。

　　粗略算来，马王堆发掘的帛画帛图一共有9幅，为我国现存最古老的绢类画迹。其中，这一幅被称为"旌铭图"的"T"字型帛画，最为珍贵，迄今为止，它依然具有极强的诱人魅力与研究价值。

　　这幅作品为绢本、设色版，纵高205厘米、上横长92厘米，下横长47.7厘米，是我国已知画面最大、保存最完整、艺术性最强的彩绘帛画。一般认为，这种帛画属于旌幡一类的用品，丧葬出殡时，它往往被放在行列的前面，一旦死人落葬后，它就被覆盖在棺木之上。这幅帛画就是在一号墓主人利苍夫人利辛追的棺木盖儿上发现的。画的顶端横裹着一根竹竿，上面系着丝带，可以张开举起。画的中部和下部的四角各缀有一条长约20厘米的穗状青黑色麻质棕。出土的时候，它覆盖在辛追的内棺盖板上，画面是向下的。根据墓中出土遣册的记录可知，这幅帛画应称为"非衣"。专家们指出，古代的时候，人刚刚死亡时，都要招魂。招魂的时候，还要手持死者生前所穿的衣服。这幅帛画，恰好略微具备生人衣服的形状，说明那些神巫们招魂时正是拿着它来呼号的。可见，"非衣"是带引亡魂升天的工具。它具有送死者灵魂升天的含意，此画反映了楚文化中简朴的道家思想。

　　通常的理解是，整幅帛画作品以祈颂墓主人飞升为主题。它的画面呈"T"字形，画面内容依T字型的横幅和竖幅划分为天上、人间、地下三个部分。作品既以现实主义的方法表现出了当时的生活，又以夸张的手法、瑰丽的想象描绘出了人死后那个迷幻的世界。帛画的上部绘的是天上的景象。画的右上方画了一个大太阳，大太阳中间站立着一只金色的飞鸟。太阳下有一棵扶桑树，扶桑树上又画着8个小太阳。左上方画着一

"T"字型帛画：1972年长沙马王堆一号汉墓出土，湖南省博物馆藏。

国宝的故事❖

轮新月，月亮中有蟾蜍、玉兔。一个女子乘龙奔向弯月，她应该就是民间传说中的嫦娥。左右两端，日月对称呼应，显然具有阴阳相辅的含义。帛画上部的中间绘一人首蛇身像。像的下面，两只飞鸟彼此相对，悬着铃铎。再往下，画着两扇天门，天门内，两个守门人拱手对坐，守卫着内里的天庭。帛画的中部描绘的是人间的生活景象。一个老妇人拄杖而立，她就是墓主人。在她前面，有两人手捧托盘下跪迎接，其后有三个女子随身伺候。中部下端画着玉璧垂磬，磬下则摆列着各种鼎、壶，具体地勾绘了墓室主人生前宴饮的场面。帛画的下部描绘的是地下景观。入眼所见，是一个庞大的巨人站立在两条蛟龙之上，横跨着一条大蛇，巨人双手托举着可能象征大地的白色扁平物。该画画天上以示死者的终身归宿，画人间以示死者生前的荣华富贵，画地下以示阴间的幸福。各段还有羽人、怪兽、华盖幔帐、谷璧交龙等穿插、点缀其间，整个画面形式生动饱满，所展示的内容也十分丰富。画面布局对称，线条流畅，描绘精细，色彩绚丽，显示了西汉高超的艺术造诣。

帛画上的内容，很多都与我国传统文化的神话有着紧密的关联。帛画上部画有9个太阳，也有专家指出，本有10个太阳，另一个应该是浴在海中，没有露显出来。这个画面最容易让人联想起传说中的后羿射日。后羿射日可谓中国古老神话的重要一章。不过，传说中的太阳是十个，因为太阳太多，所以，大地被烤得一片龟裂，百姓无法生存。这时，射箭手后羿张弓射之，一共射掉了9个，只剩下一个太阳，于是，大地才恢复了正常的状态，甘露降落，风调雨顺，树叶儿绿了，庄稼茂盛了，百姓的生活也正常了。这实际上是一个古代先民与干旱天气抗争的神话传说。神话暗含的是古代先民生活的真实情况。有意思的是，传说中的太阳是祸害人间的瘟神，帛画里的太阳，似乎应该是吉祥的天上神的象征。大太阳中的金色飞鸟应该是金乌，又叫龙雀，本身即太阳的象征。古书中记载后羿射日，就是说他射掉了9"乌"，乌死之后，羽翼随之堕落于地下。也有人说，太阳中就含有"乌雀"的形象，不信，仔细看看，还是一只3只脚趾的神乌呢。将乌象征太阳，可能是古人对太阳的一种朴素的图腾崇拜。此后，中国的绘画、文学等各种文化载体里，金乌都是太阳的代名词。

与太阳相对的是月亮神。帛画上部的左方画的就是一轮月亮，月中有蟾蜍、兔子，还有一女子正向月亮飞去。这刚好印证了关于月亮的神话传说。月亮的传说也是中国古代神话中的一个重要部分。在帛画里，白色的月亮呈现弯曲的镰刀形状，蟾蜍较大，兔子显得很小，二物处于月亮的上部，它们的两旁则缭绕着云气。镰月下面那个飞腾而上的女人，应该就是嫦娥。帛画已经基本上将古代月亮神话里的一些主要事物都表现在一起了。

月亮里存在蟾蜍的说法来源比较古老。屈原在《天问》里就曾问过，为什么月亮中会有蟾蜍存在，西汉也有人说过"月中有蟾蜍"的话。但是，现存的文献里却缺乏战国至汉初时期，月亮里有玉兔的记载。马王堆帛画中月亮神话图景的发现，正好弥补了文献上的记录，它说明，蟾、兔的神话应该出现在战国至西汉初年这一段时期。

那么，为什么人们会将月亮与蟾蜍与兔子联系在一起呢？这就牵扯到月亮投射的阴影了。月亮里有阴影，原始人也应该能感觉到，所以世界上许多文化早熟或晚熟的民族差不多都有关于这种现象的传说，中国较早期的蟾蜍和兔子，后期的兔子捣药、吴刚伐桂树等故事，大都直接或间接的和解释阴影的现象有关。

和月亮相关的，还有嫦娥的神话。这是我国民间流传相当久远和比较普遍的一个天体神话。它在我国各种艺术的创作里也成为习见题材或典故。记录嫦娥故事的最初文献是《淮南子》。《淮南子》里写道，后羿从西王母那里请到了长生不死之药，可他的夫人嫦娥却偷着跑到了月亮上。之后，各家学者、书籍增加夸饰，使嫦娥奔月的故事变得更加完满充实。现在，有了帛画，人们可以亲眼目睹到与最早记载嫦娥奔月故事文献差不多同时的、非常生动的艺术表现形式。另外，帛画与嫦娥的故事，正好与秦汉时期方士到处寻求长生不死药的社会风气相吻合。这些，都给学术界认识、确定当时的历史文化、神话传说带来了极大的帮助。

帛画上部正中的人首蛇身像应该是女娲的形象。也可能是伏羲的形象，帛画印证了神话传说。

人间部分中央的平台正中那位曲裾长袍、拄杖徐行的老太太就是墓主人辛追。围绕她的双龙与璧结成一体，构成了一副升天龙舟，好像正负载着她的灵魂缓缓升入天堂。一号墓还出土了辛追的尸体，尸体保存得非常好。今天，专家们通过各种高新技术，对她原始的面貌进行了恢复性的勾画。令专家们吃惊的是，他们使用计算机绘出的面相与帛画精心绘制的墓主人形象极其相似。也就是说，帛画中老太太形象与墓中的女尸极其相似。看来，这位古代帛画画家的观察、概括和写实功力实在了得，这使我们充分认识到了西汉肖像画的真实状况。如果切近一些，仔细观看，帛画中的老太太脑后挽髻，鬓间插有首饰，她头发上还明显地插有珠玉步摇。画中人所穿的服装，尽管质地、颜色不一，但基本样式相同，都是宽袖紧身的绕襟深衣。绕襟深衣是汉代贵族妇女常着的一种衣服样式，通俗地说，就是那时的时装。这种衣服几经转折，绕至臀部，然后用绸带系束。这位时髦的老太太所穿的服装，还绘有精美华丽的纹样，更显示出浓郁的时代特色。

关于帛画的内容，也有人认为，画本身并没有什么特殊的意义，只是一幅色彩鲜艳、技法高超的图画。它用上、中、下三部分，表现天上、人间和地下的景象，将天地神灵与贵族的人间生活，巧妙地组合在一起。它的线描匀细有力，可能正就是后人所说"十八描"中的"高古游丝描"。它的构图严谨完整，对称中有变化，主次分明，疏密有致。如果将它与战国帛画相比，它显然更进了一步。帛画更强调色彩的表现力，其颜料以石色为主。朱砂、石青、粉白等矿物颜料将整个画面点染得富丽厚重，光彩夺目。从画家和鉴赏家的角度看，帛画是运用高妙艺术构思和非凡想像力创制的一幅绘画作品。

也有人认为，帛画表现的并不是接引升天的主题。它是一种招魂幡，其形式和用途都是从古代"招魂以复魂"的习俗演化而来，主要目的在于使死者安土，而不是"引魂升天"。由于我国汉族传统的葬式主要是土葬，古代统治者还盛行深葬，而长沙自然条件又比较"卑湿"，因此帛画主要描写的是地府的情景，以地母神话为主，兼及治水神话。

目前，对于帛画主题内容的讨论仍在继续，不过，有一点可以肯定，即通过帛画上的龙凤、日月、嫦娥等神与人之间的关系，以及天、地、人等三界的划分，人们可以发现，汉代的时候，随生产力的发展，人与自然的关系也发生了转变，人对社会和对人自身的认识、理解和控制有了很大的加强。在神话传说中，人与神的关系也变得更为亲和了，神圣已经被淡化了很多。不像商周时代的青铜器，那上面的图案、神、兽都非常震慑。帛画里的人和神之间已经没有强烈的等级区分，人也不再完全是神的奴仆。在汉代人的眼中，自己完全可以超凡入圣和羽化升天，那些神灵只是这一过程的协助者。至于龙凤之类的灵异，也只能扮演从属、点缀的艺术角色。所以，在这幅帛画中，人们能领略到的不是鬼怪的狞厉、不是神圣的庄严，也不是归去的悲衰和送行的肃穆，而是充实饱满的现实生活，自由超脱的未来仙境。当时的中国人心里想的是，人和神不过是生命不同阶段的不同形态而已，当他们活着的时候，就是人，一旦死亡了，就升天成神了。这种"视死如生"的精神似乎比古埃及的轻生重死，及古印度的视生如死的传统更为积极。这幅帛画表现了中国人既现实，又浪漫；既务实，又理想的全面、健康的精神状态。

因此，它不仅是稀有的艺术品，是我国美术史上的罕见的杰作，更是一个珍贵的中国历史文化的实物载体。

现在，这幅国宝级的文物被湖南省博物馆收藏着。由于它的保护需要严格的恒温、恒湿、防紫外线等环境条件，它要求温度应恒定在15—18℃之间，相对湿度恒定在55%左右，照明须用进口光纤灯，以有效防御紫外线和红外线的直射，因此，这幅帛画长期以来从未对内地民众开放。帛画真品也仅有两次出访展览的经历，一次是1973年中日建交后，应田中首相邀请特批出国；另一次是1998年应台湾民众的强烈要求而出行。不久前，帛画真品第一次公开展出，广大百姓终于能够亲眼瞻仰这神秘的宝物了。

人物龙凤帛画：又称《龙凤引魂升仙》，战国帛画，1949年湖南长沙陈家大山楚墓出土。画中侧身而立的细腰女子，身着长袍、头梳长髻、双手合掌作祈祷状。上方绘一龙一凤，凤鸟头上昂，振翼奋爪，尾翻飞，呈奋起状；龙则双足曲伸，身体婉曲。画中女子为墓主人形象，此画是用以引导死者灵魂升天的铭旌。

　　长沙马王堆不愧是地下的宝库，除了素纱禅衣、帛画，该墓出土的利辛追夫人的干尸也引起了巨大的轰动。当雍容华贵的辛追夫人出土时，她外形完整无缺，全身皮肤细腻，皮下脂肪丰满，软组织尚有弹性，工作人员用手轻按，皮肤竟然能够奇迹般反弹。2000年了，尸体的血管仍能鼓起来，其手指和足指上的纹路都非常清楚，真令人不可思议。

　　此外，在马王堆三号墓出土了12万字的帛书，包括《周易》《老子》《黄帝书》《五行书》《战国纵横家书》《五十二病方》《养生方》《杂疗方》《胎产书》等，是继汉代发现的孔府壁中书、晋代发现的汲冢竹书、清末发现的敦煌经卷之后的又一次重大古文献发现，对中国古代政治、经济、哲学、文学、医学、宗教等各个领域的研究都具有极重要的价值和意义。

　　如今，马王堆学已经成为一门新兴的显学，造就了一大批"马王堆"迷，也吸引了美国、日本、欧洲等全世界各地的专家、学者投入研究、探索。随着时间的推移，人们一定还会有更多、更新的发现和收获。

《兰亭序》

　　江南春风十里度，由来尽是幽兰香。兰花是中国种植历史较早的花卉，而处于江南的绍兴堪称中国兰花发祥地之一，可以说，绍兴的历史，与兰花紧密相关。因为，提到绍兴，人们都会想到越王，想到兰亭。而兰亭的得名就与越王与兰花有关。"兰亭旧种越王兰，碧浪红香天下传"。相传越王勾践被吴王夫差打败之后，卧薪尝胆，励精图治，为了迷惑吴王，故意在会稽山下，种植兰花。这可能是中国种植兰花的最早记载，也是兰亭得名的最初原因。

　　兰花一季一季凋谢了，精明的越王也随花而逝，为尘化土，英豪不再了；时光继续辗转了1000多年，兰亭迎来了另一位伟大的历史文化名人，他就是王羲之。就是在这里，他挥毫运笔，写下了千古不朽的绝作《兰亭序》，也为历史平添了许多的传奇和风骚韵味……

曲水流觞传佳话

　　兰亭地处浙江省绍兴市郊西南角，汉代的时候，官府曾在当地建有驿亭，加上春秋时曾种有兰花，所以，人们称之为兰亭。

　　西晋灭亡后，在琅琊王导、王敦等门阀大姓的帮助下，西晋宗室司马睿在建康（今天的南京）建立了新的国家，以承袭司马氏的宗业，史称东晋。东晋偏安江左，经济、军事及朝廷的控制力量都不足以与前朝相比。王室的力量更是大大降低，时人甚至称之为"王与马，共天下"，意思是，东晋的朝廷是司马氏与王氏共同创立的。事实也是如此，东晋其实是各家豪门与皇室共同维系的王朝。各家豪门中，琅琊王氏的力量最大，贡献也最多。这些为朝廷倚重的豪门贵族，被称为士族。高贵的士族们一方面掌握着国家的政治命脉，另一方面，也继承和发展了前代文人的尚才、适性、潇洒。他们纵情诗酒，流连山水，徜徉在书法、绘画、清谈、音乐之中，有一种超然世外的淡泊与恬静。他们身上表

相传为王羲之《兰亭序》中的"曲水流觞"之地，浙江绍兴兰渚山兰亭公园。

现着中国知识分子的优雅与从容。

在这种优雅与从容的人生态度下，他们创造出了极为灿烂的文化艺术。士族们在书法、绘画、音乐、文学、哲学、宗教等各个领域都取得了极大的成就，做出了极大的贡献。当时的王羲之就是后世书法界所尊崇的泰斗级的人物，他被后人尊为"书圣"。这位书圣隐居山阴时，就经常逍遥于兰亭一带。正是他，使兰亭成为一代书法圣地。

王羲之（303—361年），字逸少，原籍琅琊（今山东临沂），当朝宰辅王导的族侄，出自"簪缨家族"，是典型的门阀子弟。王羲之虽籍贯在琅琊，但晚年一直居住在会稽山阴（今浙江绍兴）。他也曾做官，做到右军将军，会稽内史，所以，历史上又称他"王右军"。在任职期间，他淡薄功名利禄，为人率性耿直，后来因为不满官场的纠缠，就在自己父母墓前发誓，不再入仕。此后，他隐居在会稽山阴（今浙江绍兴），怡情山水田园之间，时常以作书养鹅为乐，卒年59岁，葬于今嵊州市金庭镇瀑布山。

王羲之自幼就酷爱书法，在其父王旷、叔父王廙的启蒙下，他7岁就已善于书法，12岁时，再经其父传授笔法论，颇有所悟。他真正师法的老师应该是当时著名的书法家卫夫人。而卫夫人的师傅是另一著名的书法大家钟繇。名师出高徒，王羲之充分吸收了卫夫人的书法精髓，又渡江北游各地名山，亲睹李斯、曹喜等人的摩崖石刻；到许昌，临摹钟繇、梁鹄等人的作品；到洛阳，学习蔡邕的《石经》三体书；并从从兄王洽那里，欣赏到了张昶的《华岳碑》，最后，于众人之中，独创了自己的一体，卓然为后世宗师。

王羲之天生聪颖，加上勤奋刻苦，所以，他的书法表现了极强的创新。他学钟繇，能够融化钟书的"钟家隼尾波"，用笔尚内撅，不折而用转，变之为"一榻灌直下"。他学张芝，也有自己的特点。南朝人就曾指出，到山阴之前，王羲之的各种书法作品，犹未称佳。那些上佳之作，都是他到会稽以后，即永和十几年中写作的。王羲之将自己的人生感悟与理解全都表现在书法之中，所以，尽管在开始的时候，他的成就还不如当时的一些书法名家，但是，至其晚年，他的书法成就已经达到了登峰造极的境界。

南朝时，就已有人赞扬王羲之的书法，字势雄逸，如龙跳天门，虎卧凤阙，可以永远作为典训。中国书法，到了他的时代，一变汉魏质朴的书风为笔法精致、美轮美奂的魏晋书体，可以说，经历了划时代的变革。他对后世产生的影响难以用文字言表。王羲之一生，书法成就斐然，其主要作品有：乐毅论（小楷字体），隋朝智永称它为"正书第一"；黄庭经（小楷体）；快雪时晴帖（行书四行），元赵孟頫曾称此帖为"天下第一法书"；孔侍中帖（行书），唐代时流入日本；丧乱帖（行书）；十七帖（草书）；兰亭序（行书）。

其中，又以《兰亭序》最为知名，历代书家都评之为"天下行书第一"。这个《兰亭序》就是王羲之在会稽兰亭集会时所书写的作品。而兰亭集会及《兰亭序》的故事也称得上是中国书法史上的一段千古传奇。

中国古代，有一个社会风俗，即每年农历的三月三日，各家各户往往都集聚到河边，祭祀游玩，以消除不祥，名之为"修禊"。

东晋永和九年（353年）的三月初三，时任会稽内史、右军将军的王羲之邀请了谢安、孙绰等41位文人雅士聚于会稽山阴的兰亭修禊。谢安即主持淝水之战的著名政治家，谢也是一位潇洒的宰相，与王羲之相交甚

神龙本王羲之《兰亭序》：神龙本《兰亭序》为唐代冯承素摹写，因其卷首处钤有唐中宗神龙年号小印，故称"神龙本"。因使用"双钩"摹法，为唐人摹本中最接近兰亭真迹者。

兰亭御碑亭：位于浙江绍兴古城兰渚山，碑亭为八角重檐结构建筑。碑正面是康熙皇帝手书的《兰亭序》全文，碑后是乾隆皇帝游兰亭时的《兰亭即事》。

好。孙绰则是东晋声震江左的名士。这些士族名士齐聚兰亭，目睹青山秀水，耳听微风细流，心情怡然之至。

他们依随弯曲的溪水，置流觞于任意，各个饮酒作诗，以尽游赏之兴。这就是后世常称的曲水流觞，也称为曲水宴。当场的41位名士随次列坐于小溪岸边，或依山石，或枕崖壁；或耸立，或翘坐，由书僮家仆将盛满酒的羽觞（一种重量较轻的酒杯）放入溪水中。羽觞随风而动，顺流而下，一旦它停下来，停在某位名士的坐处，该人就得即景赋诗一首，倘若当时不能赋诗，就得被罚酒三觞。诗赋留连，觞筹交错，满腹经纶的文人名士恣张个性，尽情地享受着人生的愉悦，抒写着贵族的高雅风流。

欢乐由来总不长，不知不觉，聚会已近日暮。插花沉醉的雅士们似乎仍旧沉浸在酒香诗美的体味之中，余兴意犹未尽。于是，有人提议将当日所作的37首诗，汇编成集，这便是《兰亭集》。当时众人又推王羲之为此次《兰亭集》拟就一篇序。羲之酒意正浓，提笔在蚕纸上畅意挥毫，委婉顿挫，放纵自然，全篇序文，如流水散释，一气呵成。这就是名噪天下的《兰亭序》。整个序文，一共28行，324字。

王羲之在序文中记叙了兰亭周遭山水之美和相聚之欢乐，于淡淡的忧伤中透露着人生的感悟，充分地展现了晋人在文学与理趣两个方面的高超的美学境界。

《兰亭序》在书法史上的地位与价值超过了它在文学与哲学上的影响。《兰亭序》有如行云流水，潇洒飘逸，骨格清秀，点画遒美，疏密相间，布白巧妙，在尺幅之内蕴含着极丰裕的艺术美。无论横、竖、点、撇、钩、折、捺，它都极尽用笔使锋之妙。《兰亭序》的324字，每一字都姿态殊异，圆转自如；每一字都被王羲之创造出一个生命的形象，有筋骨血肉完足的丰躯，且被赋予各自的秉性、精神、风仪，各字或坐、或卧、或行、或走、或舞、或歌，虽尺幅之内，群贤毕至，众相争观。王羲之出神入化，不仅表现在异字异构上，更突出地表现在重字的别构上。序中出现的"之"最多，一共20个，但是，每个"之"字各有不同的体态及美感，无一雷同。其他的重字像"事""为""以""所""欣""仰""其""畅""不""今""揽""怀""兴""后"等，都别出心裁，自成妙构。后人对此犹为折服。

据说，写完序文的第二天，王羲之酒醒了。他似乎意犹未尽，伏案挥毫，将序文重新书写一遍，却自感不如原文精妙。他有些不相信，一连重书几遍，仍然不得原文的精华。他不得不感叹道："这大概是神助而成啊，我个人的能力哪能达到这样的境界呢？"此时，他明白，这篇序文已经是自己一生中的顶峰之作，自己的书法艺术在这篇序文中得到了酣畅淋漓的发挥。

王羲之自此将《兰亭序》视为传家之宝，王家也十分珍惜，将其代代下传，直至羲之七世孙智永。

在王羲之的影响下，整个王家大都善于书法，并将书法作为家族的传统也代代传习了下去。王羲之的几个儿子几乎全都是书法家。王玄之，善于草书；王凝之，工草隶；王徽之，善于正草书；王操之，善于正行书；王涣之，善行草书；王献之，则称"小圣"。后人评价王凝之、王操之、王徽之、王涣之及王献之的书法，都得到王羲之的家法，各自体式又有不同。王凝之得到羲之的韵味，操之得到了体式，徽之得到了气势，涣之得到了貌表，献之则得到了法源。其中，幼子王献之最得羲之真传，书法不下其父，世称二人为"二王"。南朝齐王僧虔、王慈、王志都是王门之后，都是当时书法大家，都有法书传世。释智永为羲之七世孙，妙传家法，为隋唐书学名家。直至唐武则天时，她还曾寻求王羲之的书法，当时，王羲之的九世重孙王方庆将家藏11代祖至曾祖28人书迹十卷进呈，编为《万岁通天帖》。

王氏书法自羲之一人得法，真可谓子孙代代相沿不绝！

王羲之像：王羲之，字逸少，东晋书法家，琅琊临沂（今属山东）人，人称王右军。

曲折历尽令人憾

王羲之书法影响了一代又一代的书苑，《兰亭序》更是中国历史上少有的一种文化"现象"。早在南朝梁的时候，社会上已经掀起了学习王羲之，临习《兰亭序》的第一次高潮。第二次则出现在唐代。唐太宗李世民简直就是一个王羲之迷，他极度推尊王羲之。他亲自为《晋书》撰《王羲之传》。在王羲之传赞中，唐太宗批评钟繇、王献之等各个名家都存在不足，惟独王羲之的书法"尽善尽美"，其余之人，不足与之相提并论。他搜集、临摹、欣赏王羲之的真迹，并将《兰亭序》摹制多本，遍赐群臣，并亲自倡导全国上下学习王羲之的书风。在中国书法史上，帝王以九五万乘之尊而力倡一人之书法者，仅其一人而已。从此，王羲之在书学史上至高无上的地位被确立并巩固下来。宋、元、明、清诸朝学书人，无不尊晋宗"二王"。唐代欧阳询、虞世南、褚遂良、薛稷和颜真卿、柳公权，五代杨凝式，宋代苏轼、黄庭坚、米芾、蔡襄，元代赵孟頫，明代董其昌，历代书学名家无不皈依王羲之。清代虽以碑学打破帖学的范围，但王羲之的书圣地位仍未动摇。

开始的时候，作为王羲之的推崇者的唐太宗，心中存有巨大的遗憾。尽管他已经搜集了大量王羲之的书法珍宝，但是，即使用重金悬赏索求，很长时间之内，他一直没有得到《兰亭序》。

原来，王羲之去世后，《兰亭序》真迹顺次传到他的七世孙释智永手中。释智永是和尚出身，身后自然没有子嗣，于是，就将祖传真本传给了自己的弟

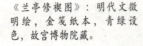
《兰亭修禊图》：明代文徵明绘，金笺纸本，青绿设色，故宫博物院藏。

子——辨才和尚。这件事本来十分保密，因为唐太宗痴迷于《兰亭序》，反复搜求，终于还是得到这个消息。听说消息之后，身为皇帝的他多次派人去索取，可是，辨才和尚始终推说不知真迹下落。派去的人只能无功而返。唐太宗一看硬要不成，便改为智取。思来想去，他决定派精通书法的监察御史萧翼假扮成书生的模样，前去与辨才接近，寻机取得《兰亭序》。萧翼凭着书生的身份及对书法的研究，不久，即与辨才取得了联系，二人很有共同话题，谈得非常投机。等到两人关系逐渐密切之后，萧翼故意拿出几件王羲之的书法作品给辨才和尚欣赏。辨才看后，不以为然地说道："真是真的，但不是最好的，都不及我那本真迹。"萧翼顺势追问是什么真迹，失去警惕的辨才神秘地告诉他是《兰亭序》。萧翼于是故作不信，说什么《兰亭序》久已失踪，根本不存在真迹。辨才争论不过，这才从屋梁上取下暗藏已久的《兰亭序》，让萧翼观看。萧翼一看，果真是《兰亭序》真迹。于是有一天，萧翼乘辨才外出做客的时机，拿走了《兰亭序》以及他从宫中带来的二王书帖，并派人把辨才召来，告诉他："我是奉旨来取《兰亭序》的，《兰亭序》现在已拿到了，所以喊禅师前来告别。"辨才听到这些，立即昏倒在地，很久才苏醒过来。可惜，失去的《兰亭序》再已无可挽回。

失去真迹的辨才，非常难过，不久便积郁成疾，不到一年就撒手归西了。

唐代著名画家阎立本还曾根据这一故事创作了一幅《萧翼赚兰亭图》。他在画中将萧翼的机智、狡黠和辨才和尚的谨慎、疑虑刻画得非常传神，入木三分。

有人欢喜有人愁，得到《兰亭序》真迹之后的唐太宗兴奋异常，他将《兰亭序》视为神品，曾命弘文馆拓书名手冯承素以及虞世南、褚遂良诸位书法名家钩摹数本副本，分赐亲贵近臣。

唐太宗生前对《兰亭序》爱不释手，曾多次题跋，及至太宗驾崩，中书令褚遂良奏称《兰亭序》是太宗特别喜爱的物品，不能留在人间。于是，《兰亭序》就被秘密随葬于太宗的昭陵。也有人说，唐太宗虽已制作不少的《兰亭序》摹本，但对真迹仍难以舍弃，所以，当其临终之时，曾私下向唐高宗请求道："我想求你一件东西（《兰亭序》真迹本），你如果真的孝顺的话，怎么舍得不遂我心呢？"作为儿子的高宗只有顺从他的意思，将《兰亭序》真迹葬入昭陵。也有人说，这些只是民间传说，不足为证。不过，奇怪的是，自此以后，《兰亭序》真迹真的从人间消失，再也不见任何踪影了。

五代的时候，后梁耀州节度使温韬曾经盗掘昭陵，他由墓道进入墓室，只见墓室气势宏丽，不异人间，当中是正寝，东西两厢排列着石床，床上石函中有铁匣，匣内收藏着历代图书，钟繇、王羲之的书法真迹，纸墨如新。温韬大开眼界，遍取各种图书，《兰亭序》又得以流传人间。依此记载，《兰亭序》真迹似乎又经温韬之手重见天日了。还有人说，《兰亭序》随葬时，被唐太宗李世民的姐妹用伪本掉换了，真迹仍留存人间。但是，此后，《兰亭序》真迹真的是杳如黄鹤，至于其下落如何、是否存在，更是一桩千古悬案，至今仍难揭晓。

《兰亭序》真迹虽然失传了，但是，传世摹本种类仍然很多，其中，有木石刻本，有描摹本，也有临摹本。著名的本子有《定武兰亭》，为石刻本，相传为欧阳询临摹到石上去的，因北宋时发现于河北定武而得名。《洛阳宫本兰亭序》，相传为褚遂良第19次临摹

本，此本为唐太宗赐给高上廉的本子。褚遂良所临又传有《神龙半印本兰亭序》《张金界奴本兰亭序》，因前者有"神龙"半印，后者有"张金界奴上进"字。又有唐太宗朝供奉拓书人冯承素钩摹本，由于他的摹本上有唐代"神龙"小印，所以将其定名为神龙本《兰亭序》，以区别于其他的唐摹本。此本墨色最活，跃然纸上，摹写精细，牵丝映带，纤毫毕现，数百字之文，无字不用牵丝，俯仰袅娜而不觉得轻佻，其笔法、墨气、行款、神韵，都得以很好地体现，基本上可反映王羲之原作的风貌。此本是公认的最好摹本，被视为珍品。此本高24.5厘米，宽69.9厘米，曾入宋高宗御府，元初为郭天锡所获，后归大藏家项元汴，乾隆复入御府，现为北京故宫博物院收藏。此外还有"薛稷本""赐潘贵妃本""颖上本""落水本"等等，不一而足。

《兰亭序》的各种摹本也非常珍贵，对后世的书法仍然具有巨大的影响与推动作用。宋代著名词人姜夔酷爱《兰亭序》，日日研习，常将所悟所得跋于其上。其中一跋写道"二十多年临习《兰亭》，都没有找到切入点，今天夜晚在灯下观赏，颇有所悟"。历时20多年才稍知入门，可见《兰亭序》含蕴之深。明朝著名书法家董其昌称赞《兰亭序》的章法为古今第一，其字随手所如，皆入法则，可以称得上"神品"。明朝另一著

国宝的故事

名大学者解缙则说《兰亭序》，增一分太长，亏一分太短，可谓尽善尽美。1600多年来无数书法家都孜孜不倦地释读、临摹《兰亭序》。他们何尝不想深入王羲之的堂奥，但最终只能得其一体。因此，《兰亭序》既是推动后世书法的经典，也是由杰出的书法智慧所营造成的迷宫。

谜中之谜连环案

自东晋到明清，千百年间，书法爱好者沉迷在《兰亭序》高妙的书法境界之中，很少有人对它发出疑问。人们似乎很少问《兰亭序》是否是王羲之所作等类的问题。进入近现代，随着考证、实证主义的介入，《兰亭序》似乎重又焕发了活力，激起了人们对它的来源、作者、流传等各种问题的探讨与争论。

清代时，已有人提出了《兰亭序》是后人伪造之作，但是，并没有引起学术界的高度重视。《兰亭序》的大规模争论主要是从建国后开始的。争论的主要引发人是大名鼎鼎的郭沫若。而争论的焦点主要集中在三个问题上，即是否存在《兰亭序》、《兰亭序》的作者到底是谁、传世的《兰亭序》法帖是否是依照王羲之真迹临摹的。

对于第一个问题，因为传世《兰亭序》是根据《晋书·王羲之传》录出的，《晋书》是唐朝房玄龄等人修撰的，此前收录晋文最完备的《文选》也没有收录此文。东晋至初唐200余年间，《兰亭序》都未见著录，直至盛唐才见著录，这与该文的地位殊不相称。另外，南朝刘宋《世说新语》梁人刘孝标的注引也只引用了王羲之《临河序》，《临河序》字数不长，与《兰亭序》文字上有异。两篇文章的语序也略有不同。据此，郭沫若等认为，究竟是《兰亭序》删改之后变成了《临河序》，还是后人扩充《临河序》而成《兰亭序》，还不能够定论，《兰亭序》一文是否存在也还是个疑问。

第二个问题的传统看法是，《晋书·王羲之传》明明记载《兰亭序》是王羲之的代表作品，其作者不容置疑。与此不同的观点则认为，从《临河序》与《兰亭序》的不同可以看出，唐以后的《兰亭序》，已经不是梁以前的《兰亭序》了。另外，《兰亭序》感情伤悲，与兰亭集会的情境不合，与王羲之的性格也不合。其思想境界与王羲之的思想倾向也不相合。据此，郭沫若等人提出，《兰亭序》应该是后代人伪托的作品，它是在《临河序》基础上改易而成的，序文中所表达的并不是王羲之的志向。郭还进一步考证指出，《兰亭序》的依托者是王羲之的七代孙、陈代的永兴寺僧人释智永。他认为，智永很会做文章，《兰亭序》里的"修短随化，终期于无"就是一种"禅师"特有的口吻，《兰亭序》的思想倾向与智永的时代也正相适应。当然了，反对如此观点的人还是占了多数，很多学者提出了自己的反对意见。他们认为《兰亭序》流露的感情与思想倾向，与王羲之的思想及性格并不矛盾。争论双方各执其理，难分高下。解开这一文学之谜，仍需拭目相待。

第三个问题也是一个疑案。传统的说法是，兰亭修禊之时，王羲之用蚕茧纸、鼠须笔挥毫作序，当时书写的是草稿，用行书写成，共28行，324字。草稿真迹最终为唐太宗所得，由唐书法家临摹多本，真迹则随唐太宗葬入昭陵。后来，有人指出，梁武帝收集王羲之的书帖270多幅，当时只提《黄庭经》、《乐毅》、《告誓》等几个帖子，并没有提及《兰亭序》，可能《兰亭序》法帖并非王羲之所作。还有人说，东晋以前的书体，与汉魏隶书相似，王羲之怎么可能写出梁陈以后的书体呢？况且，序文尚且难以肯定是王羲之所制，书法自然也不会是他所为了。郭沫若总结了各种意见，坚持认为葬入昭陵的《兰亭序》法帖并非羲之所书，传世至今的神龙本《兰亭序》也不是王羲之的笔迹，而是智永所写的稿本，也就是《兰亭序》的真本。

《兰亭序》是真的也罢，假的也罢；是王羲之作的也罢，不是王羲之作的也罢，都已不再重要了。重要的是文中对山水之美、宇宙之玄和人生之短的感悟，是作者情注毫端而天趣自在的深情厚意，是作者物我两忘的超然境界，是那使笔底如行云流水而形神兼具的书法美感。文章本天成，妙手偶得之，《兰亭序》是上天赐给人类的宝贵文化遗产。

《金刚般若波罗蜜经》

翻开中国地图，从兰州到新疆吐鲁番，在东北边的蒙古高原与西南边的祁连山之间，有一条狭长的通道。这条通道，像一条颈动脉，将远在西北的西域地区与内陆的陇中、陕西勾连起来，这就是著名的河西走廊。

进入河西走廊，抬头所见，是高耸入云的祁连雪山，冰雪融化形成的涓涓小溪，自西向东流过。溪水仿佛温柔的神手，每流过一处，即育出一片葱翠的绿洲。一片绿洲总能生长出一个繁华的都市。一片一片的绿洲，像宽润的银河，而那一个个的绿洲则如同银河中闪烁的星星。这些星星中，最亮的有四颗：武威、张掖、酒泉、敦煌。正是这一个个亮晶晶的星星，构成了从西安到古罗马的丝绸之路最必须的驿站，它们像一个个垫脚的河石一般，让东西贸易的商旅、官员歇脚，而后继续完成他们长远的征程与行役。

这四个城市中，敦煌位处最西端。它是丝绸之路河西道、羌中道(青海道)、西域南、北道交汇处的大边关要塞。从敦煌东北行过安西，为通向中原的河西大道；西出阳关，沿丝路西域南道与新疆的若羌县相连；西北出玉门关，沿西域北道可通往哈密和楼兰（今罗布泊）；往南行经阿克塞哈萨克族自治县，越阿尔金山，则可直达青海省的格尔木。敦煌的名字是汉武帝取的，敦是大地的意思，煌则为繁盛之意。在汉武帝时代，敦煌就是统辖六县的郡。自汉至唐，它一直是丝绸之路上的一大咽喉，是华戎相交的一大都会。

敦煌莫高窟：位于甘肃酒泉市。"莫高窟"三字由郭沫若书写。

同时，敦煌也是一大佛教圣地。记载着佛教自西向东传播的历史过程。早在前秦二年(366年)，已有佛徒在敦煌东南25公里处的鸣沙山东麓崖壁上开凿佛窟。后来，各代人们相继在这里修建、开凿佛窟。到唐代，敦煌石窟已经拥有1000多个佛窟，人们称之为千佛洞，也称莫高窟。千佛洞在石窟造像、彩绘等诸方面取得了巨大的成就，是举世闻名的四大石窟之一，有"丝路明珠"之称。当时，它也曾聚集过众多的寺庙和僧侣，也收藏着大量的佛经、佛像、佛画等宗教宣传品和其他文书档案。

　　明代以后，海路交通的发达使得这一交通要塞渐渐淡出人们的记忆。但是，20世纪初的时候，敦煌又因为其拥有的举世无双的石窟艺术、藏经文物而成为人类最伟大、最辉煌的历史文化遗产之一。敦煌石窟艺术的重新发现，是常书鸿等艺术家主动探寻的结果，而敦煌藏经的发现，则可以说是一个纯粹的历史误会，甚至可以说是一个历史性的黑色幽默。

道士与藏经洞

　　北宋景佑二年(1035年)，党项人占领了河西一带，建立了西夏王朝，莫高窟的僧侣们在逃避兵难时将大批经卷、文书、法器秘藏在一个石窟的复洞之内，外筑补壁，并绘壁画掩人耳目，以求免遭战乱的破坏。之后，也许是因为参与藏经的僧人都已死于动乱，也许是由于香客日渐稀少，敦煌冷落，逃难的僧侣一去不返，总之，该洞窟颓废，洞窟甬道被风沙淤塞，藏在石室内的秘藏一封再封，长期无人知晓。具有讽刺意味的是，到上世纪初，以佛教圣地著称的敦煌，竟然来了一位道教徒作为洞窟的看守人。这位来自湖北麻城的道士的名字也与道教的符箓有关，他叫王圆箓。王道士年少时逃避灾荒，四处奔波，后流落到酒泉，在当地巡防军中当过一名士卒，退伍后出家，修成了一名道士。1898年，他云游到千佛洞，安顿下来以后，筹划着要将几个洞窟打通，在这个充满佛窟的地方改建出一座道教的太清宫。

　　1900年6月22日（清光绪二十六年五月二十六日），他在设法修复一幅古代壁画时，意外发现壁画略有残缺的壁土后面

20世纪初莫高窟下寺道观的住持王圆箓：王道士在莫高窟288洞窟的甬道中，发现了"藏经洞"。洞内文物有写本、刻本与刺绣作品等4万多件。

20世纪初藏经洞内景：1909年，法国人伯希和将搜劫得到的敦煌卷子中的精品拍成照片带回中国。清人罗振玉根据影本，刊行《鸣沙山石室秘录》、《敦煌石室遗书》等，并极力呼吁学部将敦煌石室残存的文书8000卷购下保存。后又以伯希和提供的遗书照片影印出版《鸣沙石室佚书》（1913年），收书13种；《鸣沙石室遗书续编》（1917年），收书4种；《鸣沙石室古籍丛残》（1930年），收书30种，从而奠定了敦煌学的基础。

竟然不是坚固、光滑的石壁，而是由土砖砌就的砖墙。他剥掉一点壁画，敲开砖墙，惊奇地发现砖墙后面是一间四周有墙、装满书籍的密室。这就是西夏时封存的石窟，今人称之为藏经洞（即今第17窟）。王道士点燃灯火，进窟一看，只见窟内满是4-11世纪的各种佛教经卷、社会文书、刺绣、绢画、法器等文物，总数量约5万余件。

据后来分析，这批文物涉及我国古代1000多年的政治、经济、军事、历史、宗教、哲学、民族、文学、艺术、科技以及中外文化交流等各方面的内容，所以习惯上被通称"敦煌遗书"。

当时，保守而不乏精明的王道士，可能并不确切知道这批文物的真实价值，但是，他意识到他打开了一个巨大的宝藏。透过这宝藏，他看到的不是中古的知识与学术，而是它所内含的金钱分量。看着眼前的文物，他似乎觉得改建太清宫的梦想即将成为现实了。

王道士冷静地将藏经洞重又封闭了起来。他没有将发现藏经洞的事情告诉任何人，他要等到适当的买主，才肯透露秘密。没多久，第一个买主出现了。他就是英国的斯坦因。这位斯坦因先生，可是一位饱学之士，曾先后攻读于欧洲著名的莱比锡大学、伦敦大学、牛津大学、剑桥大学等，获得哲学博士学位。他还是英国皇家地理学会会员。在当时文化汉人的协助下，斯坦因花费4块马蹄银（值200两白银）从王道士手上买走了9000多件文书写本，500多轴唐宋佛画。

第二个买主是法国人伯希和，他以500两银子从王道士手里换取6000余卷文书写本和200多件古代佛画与丝织品。接着又来了日本人，他们从王道士手中弄走600余卷写本；俄国人奥登堡，他弄走了数量极大的藏经洞写本；美国人华尔纳，他只70两银子，就从各洞窟中窃取了大量的壁画、菩萨像。

至此，约50000件的藏经洞文献，流散至海外的达35000件，国内仅存15000余件。流散国外的文献分别保存于伦敦印度事务部图书馆、英国大英博物馆、法国巴黎国立图书馆、俄罗斯科学院东方研究所、日本大谷大学、龙谷大学等处，及美国、芬兰、瑞典、奥地利、土耳其、韩国各地。

所有流失文献中，又以伯希和所得最精。伯希和被公认为人类历史上不可多见的东方语言天才，他精通古汉语、梵语、藏语、突厥语、蒙古语、波斯语、回鹘语、粟特语、吐火罗语、龟兹语、西夏语、安南语等数十种语言，因此，他所获得的都是极具学术价值的精华。斯坦因是第一个攫取者，所获数量最多，版本也最精。他所获得的宝藏中，包括唐咸通九年(868年)版的《金刚般若波罗蜜经》（简称《金刚经》），及唐中和二年(882年)剑南西川成都府樊赏家刻印的历书残页等。

西来的佛祖与《金刚经》

《金刚经》是一本重要的佛经。佛经是记载佛教言论、故事的典籍。佛经的成书经过与中国的《论语》等颇为相似，它们并非出自释迦牟尼之手，而是佛祖逝世后，由他的弟子们记诵出来的。最初的佛教经文都是用铁笔刻写在贝多罗（梵文Pattra）树叶上，又称贝叶经。其后，佛教东传，很多佛经都被翻译成汉文。唐代著名的高僧玄奘曾西天取经，并将取回的经典译成汉语，促成了佛经研究的繁荣。有意思的是，很多佛经在印度本地已经失传了，却存于我们中国，今天的印度人如果要研究自己的佛经，还得将中国的译经再翻译回去。

国宝的故事

在传介到中国的大量佛经中，《金刚经》是译介最早、流传最广、影响最深的经典之一。在中国传统文化中，人们把《金刚经》与儒家的《论语》、道家的《道德经》《南华经》并列视为释儒道三家的宗经宝典。

虽然宗派林立，但是，天台、三论、法相、华严诸宗都十分崇奉《金刚经》。禅宗六祖慧能更是因听《金刚经》而得悟。当年慧能还未出家，每天砍柴去卖。一天，有一个客人买柴，让他送到客店。慧能将柴送到客店，得到酬金，出门往回走。刚一出门，就见一人正在诵经，慧能一听经文，似有所悟。于是，他就问那人所诵何经，那人回答说是《金刚经》。《金刚经》也因此成为中国化的佛教流派——禅宗的最高经典之一。

《金刚经》的全称是《能断金刚般若波罗蜜经》，又称《金刚般若波罗蜜经》。"金刚"，是最刚硬的金属，是金中的精坚者，百炼不销，能断万物，以此比喻用大智慧断除人的贪欲恶习和种种颠倒虚妄之见。"般若"是梵文音译，意思是明见一切事物及道理的高深智慧。"波罗蜜"也是音译，即"到彼岸"的意思。该经经名的全部含义就是说，以金刚般的无坚不摧、无障不破的般若智慧对治一切虚妄贪欲，得到解脱，到达人生的彼岸。

《金刚经》全文约5400多字，大致强调"凡所有相皆是虚妄"，即世上的一切事都如梦，如幻，如

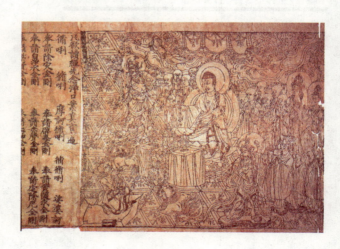

《金刚经》卷首插画（局部）：描绘佛陀与弟子须菩提交谈的场景。《金刚经》是中国禅宗南宗的立宗典据，此卷全长5米，宽2.7米。世界上现存最早的雕版印刷品。1900年在敦煌莫高窟藏经洞发现，唐咸通九年（868年）印刷，现藏英国大英图书馆。

水面的气泡，如镜中的虚影，如清晨的露珠，日出即散，如雨夜的闪电，瞬息即逝。也就是说一切皆空，总结成一句偈语即：一切有为法，如梦幻泡影，如露亦如电，应作如是观。同时，在修行实践中，如能真正认识到一切皆空，能做到于世界万事万物都无念无挂，就可以得到真正的解脱。

《金刚经》可以说是佛教史上影响最大的经典。在汉唐社会，《金刚经》特别受尊崇。人们甚至认为它是祈福禳灾、奖善惩恶的法宝，当时有一个故事是这样讲的。说有一个叫赵安的平民，在野外看见一座坟墓边放着衣物，以为是无主的东西，就捡回家送给妻子。邻居知道后，到官府告他偷盗财物。赵安不承认，官府大怒，安排大刑伺候，然而刑具加身就断为数截，赵安却安然无恙。施刑者问他使了什么妖法。他平静地说："没有啊，只是念《金刚经》罢了。"官府衙役惊异不已，只好将他释放了。可以说，《金刚经》已经深入地影响到当时这个社会的各个阶层。

因此，抄写、刻印《金刚经》的人特别之多。我们都知道，纸张是汉朝时发明的，活字印刷则出现于宋代。在纸张发明之后，活字印刷出现之前，隋末唐初的时候，人们发明了雕版印刷术。所谓雕版印刷；就是将所须印刷的内容文字刻在定制的版上，一版一版翻印出来，即成为书了。有了雕版印刷，世界上才算有了第一本真正意义上的书。

这本刻于唐代的《金刚经》，是现存的时代最早的雕版刻本，也是第一部印刷所成的书，也是现存最早有确切纪年的印刷品。这本《金刚经》成书于唐懿宗咸通九年(868年)，是由6个印张粘接起来的16米长的经卷。卷子前边有一扉页，上有题为《祇树给孤独园》图画。内容是释迦牟尼佛在祇园精舍向长老须菩提说法的故事。这幅图画，图版复杂，刀法遒美，线条流畅，所

江苏扬州雕版《金刚经》：印于唐代咸通九年（868年）。2009年2月，北京农业展览馆，中国非物质文化遗产技艺大展。

明清时期的雕版印刷工具:
福建闽西。闽西曾是明清时
期著名的雕版印刷基地,以
印刷出版当时的禁书《金瓶
梅》、《三国演义》、《水
浒传》合刊本及《西厢记》
而闻名。

刻人物庄严肃穆、生动如真,是一幅接近版画成熟期的作品,也是现存历史上的第一幅刻画、第一幅插图。经卷末尾刻印有"咸通九年四月十五日王玠为二亲敬造普施"的题字。整个经卷首尾完整,图文浑朴凝重,刻画精美,文字古拙遒劲,刀法纯熟,墨色均匀,印刷清晰,表明它是一份印刷技术已臻成熟的作品,绝非是印刷术初期的产物。它也是至今存于世的中国早期印刷品实物中唯一的一份本身留有明确、完整的刻印年代的印品。遗憾的是,这件国家级的宝物被斯坦因带到英国后,一直由英国伦敦大英博物馆收藏。作为中国人的宝贝,却置身于万里重洋之外,中国人自己反倒难得亲睹一眼。

对此,著名学者陈寅恪曾慨叹道:"敦煌者,吾国学术之伤心史也! 时至今日,每每提起王道士,国人无不愤其愚昧无识,以致国宝散佚,名物西流。每每想到敦煌藏书,国人无不扼腕长叹,其恨难平!"

不过,所幸的是,斯坦因、伯希和等人算得上识货之人,他们将敦煌藏书带回西方后,对其进行修复、研究,在世界范围内兴起了一股敦煌热,并促使敦煌学成为一门今世显学,同时,也间接地向全世界传播了博大精深的中华文化。今天,在我们慨叹这些文化窃贼的狡猾的同时,也不得不承认,敦煌文物在他们那里的确得到了很好的保护。反观我们自己,扪心自问,我们对敦煌文物的保护如何? 研究又如何呢? 失去的遗憾已经很难挽回,希望珍惜现有的宝物,切实有效地发挥它们的学术价值、文化价值,让我们自己的宝贝在自己的国度发出应有的光芒。

《游春图卷》

　　仁者乐山，智者乐水，传统的知识分子都喜欢徜徉于山水之间。当年，大诗人谢灵运为了方便游山玩水，还专门发明了一种登山鞋，名为"谢公屐"。该鞋装有活动的屐齿，上山时齿装于鞋前部，下山时，则装于后部。山水看不尽，赏不完，于是，他们就将山水画入画中，置于床前，反复赏鉴，著名画家宗炳称这为"卧以游之"。

　　千百年来，画家们画了太多的山水画。随着战乱兵火的破坏，随着时间老人的渐行渐远，很多山水画杰作都已销声匿迹了。目前，中国现存时代最早的山水画，当推隋代画家展子虔的《游春图》。《游春图》属绢本，青绿设色，高43厘米，宽80.5厘米，画上有宋徽宗（1101—1125年）题写的"展子虔游春图"六个字，目前藏于故宫博物院。

　　展子虔，约生于550年，死于604年，隋朝渤海人，曾历经北齐、北周而入隋。到了隋代，隋文帝曾召他为朝散大夫，帐内部督。据记载，他善于画山水、台阁、车马、人物道释等各种内容。他画山非常神似，往往给人咫尺千里的感觉；画人物则往往达到"神采如生，意度具足"的效果；画马也能达到立有走势，卧有跃势的境界。隋代的画家在风格技法上主要继承了南北

隋展子虔绘《游春图》：展子虔（约550—604年），隋代杰出画家，渤海（今河北河间县）人。善画故事、人马、山水、楼台。

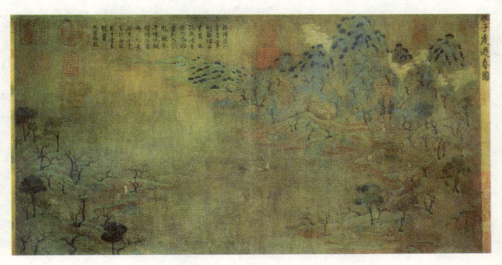

朝的传统，师法顾恺之、陆探微、张僧繇等著名画家。但是，他们的画风也随着时代的前进而有所变化，展子虔等就比较注意楼台宫观及山水树木色彩的描绘。他们都比较擅长宗教壁画，但也都从事其他的生活题材的创作，而且往往有个人的擅长，其中，展子虔则最善于绘画车马。

而实际上，展子虔对今人影响最大的是其山水画。隋朝的著名画家虽仍以道释人物故事为中心，但山水画已逐渐发展成独立的画科。展子虔的《游春图》即是著名的山水画作，也是最早的山水画作之一。元代《画鉴》曾指出《游春图》是山水画的始祖。它也是展子虔存世的唯一作品。据有关史料记载，当时有众多寺庙的佛教壁画也系他所作，只可惜我们今天已经见不到这些作品了。

在隋代以前，山水画只是作为人物故事背景的一部分，在表现手法上存在着很大的局限性，按照古人的说法叫作"人大于山，水不容泛"。也就是说，作为画作的内容，人物永远重于山水，山水仅只是作为画的背景而已，永远不能成为一幅画作的核心。因此，当时的绘画在表现自然景物与人物或其他物件的关系上，以及远近、层次等方面都存在着明显的不足，画家还不能使用恰当的艺术表现手法来展现自己生于斯长于斯的这片大好河山的壮阔秀丽。到了展子虔，才有所突破。《游春图》描绘了人们在风和日丽、春光明媚的季节，前往山间水旁踏青赏春的情景。整个画面以自然景色为主，人物则只是其中的点缀。湖边画有一条曲折的小径，小径蜿蜒消失于幽静的山谷。画中人或骑马，或步行，沿途观赏着这青山四合、绿树掩映、花团锦簇、湖水融融的湖光山色。波光粼粼的湖面上，一只游春的画舫正在缓缓飘荡，船上隐隐有数位出身名门的高贵佳丽。画中人马虽然细小如豆粒，但因为用笔一丝不苟，所以，全都形廓毕现，姿态各异，生动有趣。山间深处，躲藏着几处佛寺，更让人感到幽静无比，美不胜收。全图用色浓烈厚重，以青绿为主调，间以红、白、赭等各种颜色，表现不同的景色，远山浮翠，白云缭绕，树发新枝，嫩绿初露，桃花绽开，绿草如茵，色彩统一而和谐，醒目而大方，更好地烘托出春天来临时，大自然所具有的勃勃生机。真是一幅春和景明的大好景象，令人赏心悦目，观后直欲身入画图之中。

因此，这幅《游春图》的出现，标志着中国山水画的逐渐成熟。它开创了青绿重彩、工细巧整的山水画新格式，其画中的全景构图近大远小的透视关系；画中景物适当的比例关系；山水云雾的勾勒，泥金、石青、石绿的填染，都对唐代出现的著名画家李思训、李绍道父子两人的青绿、金碧山水画产生了直接影响，因此，《游春图》也被评论家誉为"开青山绿水之源，可为唐画之祖"；展子虔强调表现春山春树的青绿，从而形成的这种特有风格和传统，也被后人称为"青绿法"。

《游春图》既是无上之佳品，自然被历代收藏家奉为至宝。从画上题记钤印可知，这幅画在北宋时，深为宋徽宗所赏识，曾被收入皇宫内府，元代的时候又为鲁国大长公主所有，明代时则入了大奸臣严嵩的私宅，清代时再度由民间进入宫廷，为皇室所得，乾隆还曾为之作有题跋。

清末民初时，伴随着国家命运的不幸，这件国宝也遭遇了不少的坎坷。辛亥革命后，即将退出故宫的末代皇帝溥仪以赏赐的名义将它带出了紫禁城，先是藏在天津外国租界。当时，溥仪一共带出了1200余件故宫珍贵文物。后来，溥仪流落东北，就任所谓满洲国的傀儡皇帝，《游春图》与其他1200余件文物也都被带往了长春。日本投降后，溥仪作为战俘被带到了苏联，《游春图》与其他1200件出自故宫的珍贵文物，从长春的"皇宫"再次散落民间，最后，甚至流落到东北的地摊上。国宝流失民间，这件事情自然不会逃过古玩、文物专家的耳目，于是，北京琉璃厂古玩商马霁川、靳伯生等携带重金，星夜赶赴东北，购回了一批重要的宝物，带到北京。《游春图》就在这批被购回的宝物

《游春图》（局部）：隋展子虔绘，北京故宫博物院藏。描绘贵族游春时的情景。这是现存最早的山水画。

之中，时为马霁川所得。马霁川将之捧为至宝，秘不示人。

但是，没有不透风的墙，文物界几乎都知道，琉璃厂这下搜到了不少宝贝。一夜之间，琉璃厂热闹了起来，各家铺子里摆满了刚从东北淘回的古玩字画，都称是大内珍藏、皇家神品。得知消息的故宫博物院为此召集了全国文物专家，商讨应对方法。当时名重京城的"民国四公子之一"的张伯驹也是与会者之一。专家们一致决定，应尽可能地收回流失在市场的精品，张伯驹还希望当局政府，一方面施加压力，另一方面加大投资力度，尽量减少文物流失。

但是，当局政府哪里会将心思放在抢救文物上，大量国宝依然囤积于文物商人手中，等待着被买走，等待着流失，《游春图》也不例外。马霁川准备将它高价售与洋人。张伯驹得知此事，焦急如焚，随即登门制止，要求将《游春图》卖给国人。然而，马霁川狮子大开口，要价竟达黄金800两。可是，这个价格，身为国家文物收藏机构的故宫博物院根本无力支付。张伯驹无奈，对挽救国宝一事，只好自己单枪匹马只身上阵了。他首先利用自己在文物界的威信，在琉璃厂倡言，《游春图》属于国宝，切切不能流失出境，接着，他又要求当局明令禁止《游春图》外卖出境。

然后，他又邀请琉璃厂古董商马宝山、李卓卿等出面，同马霁川商量，终于，马霁川将此画的售价降为200两黄金。

张伯驹虽然家大业大，但要一下子拿出200两黄金，也非常困难。可一想到《游春图》的国宝价值，他觉得无论付出多少，也都值得。于是，他忍痛卖掉自己曾经居住十几年、位于北平弓弦胡同的豪宅，这才凑足200两黄金的数目。但是，马霁川又借口黄金成色不好，须要再加20两才能成交，无奈之时，张夫人站了出来。她毅然变卖了自己的首饰，换得20两黄金。张伯驹这才得到了《游春图》。而张家也不得不举家迁至位于海淀区的新宅。为了纪念购得《游春图》，他将新居命名为展春园。

张先生可谓是真正懂宝、爱宝之人。他尽心收集珍品，却并不将之仅仅作为自己个人的私有品。1941

年，他被黑帮绑架，生死关头，仍嘱咐夫人宁死也不许变卖所藏书画，爱宝之心，何人能及。到了后来，他却将自己多年珍藏的宝物全部捐献给了国家。除了《游春图》，这批捐献的宝物还包括李白《上阳台帖》、晋陆机《平复帖》、唐杜牧《张好好诗》、宋范仲淹《道服赞》、宋蔡襄《自书诗册》、宋黄庭坚《诸上座帖》等一大批书画，多达27件，均是稀世之宝。千金散尽寻百宝，入我携来不尚私，张的精神深为各界赞许，他也因此获得了文化部颁发的嘉奖。

《游春图》收回后，关于它的研究也随之开展了起来。近年来，关于它的焦点问题是，它是否为隋代原作，或者是否为展子虔原作。

首先对此幅《游春图》的作者及创作年代提出疑问的是大文学家沈从文。他认为认定展子虔作此画缺乏证据。因为前代关于绘画作品的著录，包括《贞观公私画史》、《宣和画谱》等都没有提到展子虔作此作品的事情。另外，画中男子的衣着，女人的坐式，都与隋代人的习俗不太相符，还有装裱等，种种迹象也与当时情形不合。历史资料证实，人们是在元明朝时才开始认定展子虔作《游春图》的。所以，沈从文认为此画可能不是展子虔所作，也不是隋代作品。也有人根据画中人物头上戴的幞头、建筑部件形制等，论证它并非隋代原作，而是北宋摹本。

不过，这些已经不太重要了，重要的是，国家日渐兴旺发达，即使是普通的百姓，也可以亲眼目睹这曾仅藏于内宫的精美佳作，亲身感受那些高明的艺术家们运笔着色的巧妙与传神……

《平复帖》：晋代陆机书法作品，是传世年代最早的名家法帖，也是历史上第一件流传有序的法帖墨迹，有"法帖之祖"的美誉。该帖字形介于章草和今草之间，兼带有隶书笔意，以秃笔写于麻纸之上，笔意婉转，风格平淡质朴。

国宝的故事◆

李煜（937—978年），五代十国时期南唐国君，961—975年在位，史称李后主。李煜政治上毫无建树，974年，宋军攻破南唐都城，李煜被俘至汴京，后因作感怀故国的名词《虞美人》而被宋太宗毒死。李煜为后人津津乐道的是他的艺术才华，他精书法，善绘画，通音律，诗文均有一定造诣，以词的成就最高，被称为"千古词帝"。作品《虞美人》《浪淘沙》《乌夜啼》等词千古流传。

韩熙载夜宴图

几年前，北京国际音乐节有一台"国产歌剧"非常引人注目，那就是由中央音乐学院作曲系教授创作的歌剧《夜宴》。这部歌剧近年来在海外盛演不衰，但是在国内，还是第一次亮相。说起来非常有趣，这部歌剧作品竟然是根据古代传世名画而创作的。这幅传世名画即国家文物——《韩熙载夜宴图》。这幅画作究竟有何魅力，以致音乐家都从中取材呢？个中自有原由，且听道来。

艺术与真实之间

《韩熙载夜宴图》属于绢本设色类，纵高28.7厘米，横长335.5厘米，系五代南唐时期著名画家顾闳中的作品，今为北京故宫博物院收藏。

这幅画的成画过程本身就是一个非常吸引人的艺术故事。画中的主人公韩熙载是一个真实人物。他本是北方的一个贵族，其父为北方著名军事将领。韩很有学问，诗书文章，名震京洛，后因父亲官宦之祸，惧怕牵连，趁着战乱，逃奔江南，在南唐做官。韩熙载逃奔南唐时，他的好友送至边界，二人酒酣话别，韩熙载谓朋友说道："南唐如若用我为宰相，一定助其长驱以定中原。"及至到了南唐，开始时由于种种原因，未被重用，等到后主李煜即位，敬服他的才华，有意授其为相，他却又感到政局日下、世事日非，于是，以声色自娱来"避国家入相之命"。他放荡生活，蓄养妻妾40多人，朝廷给他的薪俸，都被妻妾分走，平日一袭常衣，撑着拐杖，背着一篓，向各处妻妾求食，以此为乐。李煜为了对他进行规劝，便派遣画家顾闳中潜入韩家窥探，用"心识默记"的方法画下了这幅《韩熙载夜宴图》卷。据说李煜曾把这幅画拿给韩熙载观看，希望他能以国事为重，节制放荡的生活，结果他"视之安然"，依旧我行我素。

另有一种说法是，韩熙载出身北方豪族，却在南唐做到中书舍人的高位，担心当地的官阀暗中猜忌，所以，就整日里征歌买妓，饮酒弄妾，常常躲在家中招人作长夜之饮，席间轻歌曼舞，笙箫和鸣，酒酣耳热之际，难免有越礼荒唐之事。这样做的目的是为了使政敌、朝廷放松对他的警惕，以图自保。唐后主李煜就对他非常忌惮，为了考察他是否真的是纵情声色，就派宫廷画师顾闳中潜入韩宅细心观察，尔后根据回忆画出来当时情景，以为证据。于是，就有了《韩熙载夜宴图》长卷传世至今。

不管上述说法哪个符合史实，总之，韩熙载的佻达放浪是名震南唐朝野的事实，甚至有传说说他在数十房妓妾室旁建所谓自在窗，一天到晚，并不限制姬妾自由出入，有的姬妾偷偷和外面年轻小伙子幽会，韩熙载看见了，也不责备，还笑着说：有扰雅兴。传说毕竟是传说，总有夸张的成分。其实，韩熙载虽然自甘消沉，但他所交无白丁，席上座客都是当时风流名士，如太常博士陈雍、状元郎粲等。当然，他确实有不拘一格的一面，如画里男宾中有和尚德明，还有他的学生舒雅等人；女宾中竟还有他的妹妹！

画的内容是画家根据当时所见而画下的。画卷可分为五段。第一段"听乐"，描绘了韩熙载与宾客们认真谛听教坊副使李嘉明的妹妹弹奏琵琶的情景。这是一幅热闹的夜宴歌舞的场面，也是整个画面中最生动的一幅。这个画面画的人也最多，共12人。画面中那位长脸美髯的男子就是主人公韩熙载。他与众嘉宾的注意力都集中在倾听教坊副使李嘉明的妹妹弹琵琶。卧榻另一头的红衣状元郎粲，上身前倾，左手紧抓膝盖，勉力保持重心的平衡，他已听得入神。最有意思的是那个背向

《韩熙载夜宴图》（局部）：该画表现的是听琵琶部分。

琵琶女转首侧耳倾听的客人，两手叉叠，已经全身心沉浸在美妙的音乐世界之中。屏风后还有一女子，也挤了进来，手扶着屏风，偷偷地会心而笑。画家着重表现的是演奏刚刚开始，全场气氛凝注的一刹那，画上每一个人的精神和视线，都集中到了琵琶女的手上。韩熙载的手松懈地垂着，这和他的眼神的注视正相一致。对于不同的人物，画家都根据他们不同的身份和年龄，刻画出各自不同的姿态、性格和神情，显示出不同凡响的画艺。

《韩熙载夜宴图》（局部）：此画描绘韩熙载同歌伎坐在榻上，婢女拿水给他洗手。

第二段"观舞"，描绘的是韩熙载亲自为他的舞伎王屋山击鼓的情景。在这一段，夜宴似乎达到了最高潮。韩熙载娇小轻盈的宠妓王屋山无疑是最亮的一颗明星，她身着窄袖蓝色长裙，随着鼓乐声跳起当时很流行的六幺舞。这种舞以手袖为容，以踏足为节拍，在当时非常流行。画面中，韩熙载敲击红漆羯鼓，他的门生舒雅则手按拍板，应着节奏，敲打着拍子。有意思的是，画上还有一位和尚，他就是韩的知心好友德明，在所有人都集中于歌舞的同时，他却不敢正视舞者，似乎充耳不闻身边的欢歌笑语，看来，他还没有达到"座中有妓，心中无妓"的境界。画家对此的表现也非常逼真，对人物心理的把握可谓准确。

第三段"歇息"，描绘了宴会中间休息的场面。韩熙载在四位侍女的簇拥下躺在内室的卧榻上，一侍女

手捧水盆侍候，韩一边洗手，一边和侍女们交谈着什么。韩洗手的动作很舒缓，另有两侍女正在准备乐器，添换茶酒。

第四段"清吹"，描绘女伎们吹奏管乐的情景。此时，韩熙载已换上了一件宽松的白色袍衣，袒胸露腹，微摇绢扇，悠悠然盘坐在胡椅上，神情闲散而又雅逸。他身边有三位女子随侍，五位乐伎神情闲雅地坐成一排吹奏箫笛，她们参差婀娜，各有动态，统一中显出变化。画面的一角另一男宾站在屏风旁，回首与屏风外的女子窃窃私语，把观者的目光又引入了下一个画面。

第五段"宴归"，描绘宴会结束，宾客离去，意犹未尽地与女伎们谈心调笑的情状。韩熙载则重衣黄衫，复执鼓槌，端立正中，木然凝视。

整幅画卷交织着热烈又冷清、既缠绵又沉郁的氛围，在醉生梦死的及时行乐中，隐涵着对生活的失望，表现了主人公那种略显颓废的内在态度。

在画面的结构上，画家聪明地使用了屏风和床榻。它们作为人物活动的道具，一方面起到分隔画面，使每段独立成章的作用；另一方面又把各段连贯起来，使全卷成为统一的大画面。这种处理手法，与顾恺之、吴道子等前代名家相比，明显向前迈进了一大步。

画家最大的成就还是对人物形象的刻画。五个段落中，都有主人公韩熙载的形象，但是，每个形象的服饰、动作各有不同，综合各幅画面，他的形貌和性格却又有着惊人的一致。他头戴高帽，身躯魁伟，长脸美髯，虽然是在夜宴歌舞中，并不纵情声色，反而流露出

《韩熙载夜宴图》：五代十国时南唐顾闳中绘。描绘五代南唐大臣韩熙载放纵不羁的夜生活，展现了夜宴活动中听乐、观舞、歇息、清吹、宴归五个互相联系而又相对独立的场面。北京故宫博物院藏。该部分表现的是听琵琶。

忧郁寡欢的表情，显示出其内心的矛盾和精神的压抑、苦闷。顾闳中仅凭"心识默记"，却画得如此高妙，其艺能，不能不令人钦叹。

据说，李后主看了这幅画后，发现韩熙载眉宇之间充满着隐忧与沉思，虽在宴乐，其实不乐，因此，他断定韩是在用宴乐、歌舞掩盖其政治抱负，于是，他决定将韩熙载逐出京城。此时的韩熙载，年事已高，只得上表请罪，苦求留在金陵养老。李后主见他确实老迈，掀不起风浪，也就打消驱逐的想法，而韩熙载经过这场惊吓，生下一场大病，不久即不治而亡。技艺精湛的顾闳中可能没有想到，他传神的笔墨竟然能够左右一个人的人生命运。

历尽沧桑归原本

正因为《韩熙载夜宴图》，真实的而又艺术的特点，所以，一开始，它就已深得人们的喜爱。后来，此画渐渐传名海内外，以至被书画界认为是中国古典现实主义典范之作。它的作者顾闳中也因此一举名扬天下。画作本身更是价抵万金，历代藏家都将此画视为画中极品，争相竞购。这无形中促成了此画展转众手的命运。今天，仅附在上面的收藏印鉴，就多达230多枚，其飘落迁徙之坎坷可见一斑。

早在北宋《宣和画谱》中，就对此图有过记载。它和清雍正权臣年羹尧也有过短暂的缘分，所以图上盖有年氏的收藏印。年氏获罪抄家，于是《韩熙载夜宴图》又被收入清宫。自命为"翰林天子"的乾隆更是对它多有钟爱，在画上留下了他亲笔篆书的题签并钤上"太上皇帝之宝""乾隆鉴赏"等御玺。此后，它一直珍藏于清宫内廷，历经嘉庆、道光、咸丰、光绪等六朝，安静地度过了100多年的"御藏"生活。清代末年，它被末代皇帝溥仪随身带到东北。抗战胜利后，伪"满洲国"覆灭，和许多"御藏"文物一样，《韩熙载夜宴图》也流散到长春的街头。一些来自北京的古玩商人乘机将之廉价收购，带入关内。当时，古董商人多称这批"御藏"文物为"东北货"，很多人因贩卖"东北货"而一夜暴富，大发横财。

宝剑配英雄，美玉伴佳人，国宝可能还得艺术巨匠来配，说来也巧，这幅国家级宝物正好碰上一位充满神奇色彩的人物——国画大师张大千。1945年秋，张大千重返北京，准备买房定居下来。恰好一所前清王府要出售，索价是500两黄金。张大千亲自看了看房子，比较满意。通过预先出售自己绘画的办法，他也筹集到了500两黄金，并向房主交下了定金，一心只等几天后搬去居住。定下房子后，张大千满心舒畅，就在北京随处闲逛。一天，他转到古玩云集的琉璃厂，恰逢有个店铺正在出售"东北货"。满怀好奇的张大千也跟着走进这家铺子。古董商只一眼，就已知道张大千是行内之人，于是，他将张氏请进了内屋。走进内屋，张大千抬眼一看，眼前一幅异常宽大的画卷令他大吃一惊。它赫然是南唐的《韩熙载夜宴图》！他欣喜若狂，当即就要买下。狡猾的古董商出价自然不低，古画的售价是黄金500两。竟然与他要买的房子的价钱一样。一边是名宅，一边是名画，二者不可兼得，张大千费尽心思，反复考虑，终于决定舍名宅而购名画。其实，他有自己的小算盘，原来，那所王府不可能立刻就找到主顾，而《韩熙载夜宴图》则可能稍纵即逝，永难再得。

　　几年过去了，1952年夏，旅居香港的张大千决定移居巴西，为筹措费用，他不得不出售自己的藏画。此前，1951年，在周恩来总理指示下，文化部已成立了一个赴香港秘密收购文物的小组，目的是收购各种散失的珍贵文物。当时，秘密收购小组负责人徐伯郊与张大千往来甚密。徐伯郊利用自己既是香港银行高级职员，又是著名收藏大家的便利，照顾张大千的生活。张大千对他非常感激，将他视为知心朋友。在徐伯郊及各方的努力下，张大千决心将自己最心爱的《韩熙载夜宴图》《潇湘图》《万壑松风图》及敦煌密卷等一批国宝仅折价2万美元，半卖半送给了祖国。当时，远在台湾的蒋介石听说此事，极为不快，一直对张大千耿耿于怀。后来，张大千对朋友说起此事时坦陈："自己寓居海外，万一国宝失落他人之手，我岂不成千古罪人！"

　　从此，《韩熙载夜宴图》等一批国宝便成了国家文物局馆藏的稀世绘画珍品。

法门寺舍利

　　法门寺位于扶风县城北10公里的法门镇，东距西安120公里，西距宝鸡100公里。关于法门寺的起源，一直有很多传说。相传在西周时，周王朝的都城就在法门寺附近，忽然在一夜之间冒出了一座宝塔，周王和老百姓都非常不解，于是就把它拆掉。可是第二天宝塔又在原地冒起来，如此反复几次，佛塔一直屹立在那里。法门寺真正始建于东汉桓帝年间，距今有1800多年历史。

佛指真骨与"一身三影"

　　据佛教经典记载，古天竺（印度）国阿育王为弘扬佛法，分葬佛祖真身舍利，在世界各地修造了84000座塔，中国建19座，法门寺便是其中之一。因为塔下埋葬着珍贵的"佛指舍利"，"因塔置寺，寺因塔著"，法门寺从此香火不断，名扬四海，成为著名的佛教寺院。法门寺在历史上曾多次被毁，多次重修。寺内原有四重木塔一座。明代时，凤翔两次发生地震，法门寺木塔因年久木朽而倒塌，后重修建成十三级砖塔。清顺治十一年六月，因强烈地震，塔体裂缝。1981年8月因阴雨连绵，塔西南部从底到顶轰然坍塌，仅余一半，巍然斜立，一时成为奇观。

法门寺真身宝塔：因塔下藏有佛祖真身舍利而得名。唐代建四级木塔，明代改建砖塔。1981年明塔倒塌。1988年重建，代之以钢筋混凝土结构，样式仍是明代十三级八角形。

考虑到法门寺的历史地位与影响，考古工作人员决定对其进行抢救性清理。他们没有想到这次清理，竟然会带来一个巨大的考古发现。1987年2月28日，考古队正式清理塔基。在清理塔基的过程中，他们发现了塔基下的地宫。地宫，顾名思义，就是地下的宫殿。在佛教传入中国之后，地宫也用来指在佛塔下面，存放佛指舍利的空间。法门寺的地宫从唐代开始封存，里面到底有些什么，一直都是个千年之谜。4月3日上午，覆盖地宫天井的方形石板被缓缓移开，借着微弱的手电光亮，考古专家们迈入了封闭千余年的地下宫殿。

第一道石门打开后，映入眼帘的是地宫的甬道，地宫地面覆盖着一层铜钱，俗称"金钱铺地"。走完甬道，是两通石碑，碑后是一合双扇石门。这就是地宫的内门，在法门寺僧师诵经祈祷之后，内门被打开了。专家们随即对地宫进行了清理。通过清理，地宫出土了大量的唐代文物。它们主要分三类，一类是佛指舍利（1枚灵骨，3枚影骨）；一类是迎送舍利而奉献的金银宝器、珠玉、琉璃器、瓷器及丝织衣物等各类珍贵文物约900件。另有金丝袈裟、武则天绣裙等稀世珍宝。

法门寺文物的出土立即引起了世界轰动，因为这次考古发现创造了十多个世界第一。其一，地宫出土的佛指舍利，是世界上目前发现的有文献记载和碑文证实的释迦牟尼佛真身舍利，是佛教世界的最高圣物。其二，法门寺地宫，是世界上目前发现的年代最久远、规模最大、等级最高的佛塔地宫。其三，地宫有世界上目前发现的最早的唐代密宗之金胎合曼曼荼罗。其四，13枚玳瑁开元通宝是世界上目前发现的最早的、绝无仅有的玳瑁币。其五，地宫出土的一整套宫廷茶具，是目前世界上发现的年代最早、等级最高、配套最完整的宫廷茶具。其六，双轮十二环大锡杖，长1.96米，是目前世界上发现的年代最早、体型最大、等级最高、制作最精美的佛教法器。其七，13件宫廷秘色瓷，是世界上目前发现的年代最早，并有碑文证实的秘色瓷器。这种瓷器以前只见于考古典籍，从未发现过实物。其八，700多件丝织品，几乎囊

法门寺地宫：地宫为安奉世上仅存的佛祖真身指骨舍利所在，面积31.48平方米，是世界上迄今为止发现的年代最久远、规模最大、等级最高的佛塔地宫。扩建后的地宫面积24000多平方米。

括了有唐一代所有的丝绸品类和丝织工艺，堪称唐代丝绸的宝库，是唐代丝绸考古的空前大发现。其九，盛装第四枚佛指舍利的八重宝函，是世界上发现的制作最精美、层数最多、等级最高的舍利宝函。其十，安奉第三枚佛祖真身舍利的鎏金银宝函，上面錾刻金刚界45尊造像曼荼罗，是目前世界上发现的最早的密宗曼荼罗坛场。

因此，法门寺地宫考古，被誉为继秦始皇兵马俑之后的又一考古重大发现，也是中外佛教界和世界文化史上的一件伟事。而这次发现中，佛指舍利的发现最为重要。

1987年5月初，地宫里装置舍利的函盒已被带到了陕西省扶风县博物馆，接下来是对函盒的开启工作。根据地宫出土的《志文碑》，佛指舍利藏于后室八重宝函中。该碑对宝函的构造有明确的说明。考古学家于是首先开启出土于后室天井中的八重宝函。这是一个由大小不同的八重金银宝函套合而成的多重宝函。它的最外层是一个长、宽、高各30厘米的银棱盝顶黑漆宝函。所谓盝顶，就是函盖上棱成斜面的函。它是用极珍贵的檀香木制成，用雕花银条棱边。再里一层是一个鎏金盝顶四天王宝函，顶面錾两条行龙，首尾相对，四周衬以流云纹；每侧斜面均錾双龙戏珠，四侧立沿各錾两只迦陵频伽鸟，鸟身两侧饰以海石榴花和蔓草。函的四侧面分别刻着佛教中四大天王的图像。

第四重宝函是一个纯金盝顶宝函，重1512克。函体四面立沿上，各錾四只鸿雁。正面为一幅六臂观音图，函身右侧为普贤菩萨坐像，有6只小兔和8尊金刚伴其左右。函左侧是文殊菩萨坐像，座下一头长毛雄狮。函的后面是帷帽菩萨佛图，头顶是玉女手擎的华盖，四周有几位弟子虔诚地听经。

第三重宝函也是一尊纯金宝函，函身镶满红宝钿、绿宝钿、翡翠、玛瑙、绿松石等各色宝石。函盖顶面和侧面红、绿二色宝石镶嵌成大大小小的莲花。

当重重宝函尽被启开时，呈现在人们眼前的是一座精致的纯金小塔，高105毫米，塔顶飞檐高翘，彩光闪烁，金砖金瓦虽细如真。塔身四壁刻满纹饰，配有四扇小金门。

塔座上有一小银柱，仅11毫米高，银柱托底呈八瓣莲花状，间以三钴纹，柱底还有一墨书小字——"南"。考古学家们揭开四门塔身，露出了塔座银柱上竖立的白色如玉的管状物，与地宫志文所记述的佛指舍利相符。佛指舍利就套在这根小银柱上。第一枚舍利就这样发现了。此时正是佛诞节，农历四月初八，1987年5月5日。

根据典籍的记载，佛指舍利应该不只一枚，又根据专家的分析，这枚舍利是玉制舍利，联系这枚舍利套柱下刻的"南"字，专家们预测，真舍利应当在其他函盒中。5月8日，专家们又启开珍藏于地宫汉白玉灵帐中的盝顶铁函。函重29.9公斤，高302厘米，长宽各290厘米。上锁大铁锁，锈迹斑斑。对这只奇异的大铁函，碑文并无只字记载。

启开厚厚的函盖。只见铁函内置一木盒，启开木盒，盒内卷着整整九层彩绢，层层花色各异。剥开最后一层彩绢，露出鎏金小银棺。棺身左右两侧棺板上，各雕一位守卫银棺的金刚力士，左执剑、右执斧。整个小银椁置于一座雕花的金棺床上。棺床壶门座形，前后分别有五座月亮门(门形似月)，左右两侧是雕花帝帷。第二枚舍利就置于鎏金银棺内。

接着，专家们又开启了地宫后室北壁秘龛内发现的一只锈迹斑斑的铁函，函内是45尊造像盝顶银函。这45尊造像盝顶银函为正方体，长、宽、高各17厘米，函盖、函身雕工极为精致。函身下沿錾刻"奉为皇帝敬造释迦牟尼真身宝函"。造像盝顶银函内置银包角檀香木函，檀香木质尚好，上系银锁、钥匙一副。银包角木函内置嵌宝石水晶小棺椁。小棺椁为水晶石所造，透明通亮。椁盖上镶嵌着两个体积硕大的黄色、蓝色的宝石。宝石质地纯正，炫耀夺目。椁盖雕刻着观世音菩萨及宝瓶插花，椁身四面皆雕文殊菩萨坐像及莲座、花鸟，异常精美。椁内即壶门座玉棺，长40厘米，前宽23厘米，后宽20厘米，前高24厘米，后高22厘米。玉棺内所藏即第三枚佛骨舍利。经专家鉴定这枚佛骨确为释迦牟尼佛真身指骨舍利。它也是当今佛教界至高无上的圣物。

第四枚佛指舍利则发现于阿育王塔中。阿育王塔，全称汉白玉浮雕彩绘阿育王塔，塔内盛放银棺一枚，钣金成型，纹饰鎏金。棺盖为半弧形，前宽后窄，前檐探出较多。棺体前高宽，后矮窄。前挡板上刻着两位坐佛弟子，两侧壁各錾出两只迦陵频伽神鸟。棺体下有两层台座，上层台座四周錾出一圈仰莲瓣，下层四周镂空成壶门。第四枚佛指舍利就置于鎏金银棺之中。四枚佛指舍利，只有第三枚灵骨微黄，质地似骨，其余一、二、四号3枚，质地均类似白玉，根据地宫《志文碑》，这三枚应该被称为真身佛骨的"影骨"。

唐皇的迎奉与韩愈的谏疏

法门寺和供奉佛指舍利的真身宝塔虽建于东汉，但开始之时并未引起人们的重视，那时，它也不叫法门寺，而是名为阿育王寺。直到唐代时，才由唐高祖李渊赐其名为法门寺。法门寺也随之迈上了兴盛之路。

唐代是中国历史上经济、文化发展的鼎盛时期，佛教的传播也盛极一时，法门寺是史书所载中国境内珍藏佛骨的四大名刹之一（或称十九座寺院之一），自然不会被尊奉佛教的唐代皇室所忽略。舍利在梵语中就是尸骨的意思，佛祖舍利是指佛祖火化之后留下的固体物质。佛教徒们相信，那些得道的高僧大德涅槃之后，真身不会彻底湮灭，而是化成了晶莹透明的舍利。严格地说，法门寺所供奉的并不是佛身舍利，而是佛真身指骨，佛陀于公元前485年涅槃，这枚指骨历时近25个世纪，它的存在是个奇迹，所以，指骨的存世价值比舍利更高。也因为这一点，法门寺深为李唐皇室所尊崇，被升格为皇家御用寺院。当时权极一时的女王武则天也十分热衷于佛法的活动。她不仅修缮寺院，主持了许多经卷的翻译和编撰工作，而且还派遣唐使到印度去。在众多的佛寺中，她和法门寺又有着颇为重要的渊源关系。

不过，有唐一代，法门寺最大的辉煌还应属于迎送佛骨活动。所谓迎送活动，就是将地宫中的佛骨请出供养，一段时间之后，再将它奉送回地宫保存。从唐贞观年间开始，290年间皇帝或"下发入塔"，或"以身供奉"，8位皇帝每30年迎佛指舍利入长安、洛阳皇宫，朝野供奉，轰动中外。史料记载，仅在唐代，法门寺就举行了7次迎送佛骨的活动，这7次迎送佛骨活动中，有3次特别值得记述。

一次是唐中宗景龙年间，中宗命僧人文纲送佛骨舍利回法门寺地宫，又派法藏等造白石灵帐一铺。为了表示虔诚，中宗和韦皇后等还将头发剪下，并造石匣一枚一同放入塔下以供养。这个收藏头发石匣盖，1987年秋在塔的西南方向地下1米处被发现。石匣上面刻有铭文，记载了唐中宗李显、皇后韦氏、中宗第四子温王李重茂、韦后所生长宁、安乐公主，及韦后之妹郕国、崇国二夫人，为以身供养，不惜剪下头发供养佛祖真身的事实。

金棺银椁：陕西西安法门寺出土。

再一次是第六次迎佛骨，这次活动引发了一段非常著名的历史故事。时值唐宪宗元和十四年（819年），宪宗为迎佛骨，劳民费财，以致百姓弃业，唐宋八大家之一的韩愈冒死上进《谏迎佛骨表》，指出"事佛求福，乃更得祸"，如果再不加以制止，必然"伤风败俗，传笑四方"。宪宗看罢大怒，传令斩杀

法门寺内的佛祖指骨舍利：唐代尊奉法门寺佛指舍利为护国真身舍利，曾有8位皇帝每30年开启一次法门寺地宫，迎舍利于皇宫供养。

韩愈，幸亏他在两年前随宰相裴度在平定吴元济的淮西战役中有功，宰相裴度等人出面求情，宪宗这才怒气平消，将他由刑部侍郎贬为潮州刺史。

唐朝第七次，也就是最后一次迎送佛骨虽称不上奢华，却最有纪念意义。唐末，12岁的唐僖宗刚刚即位，立即下诏送佛骨回法门寺地宫。僖宗咸通十四年十二月诏送佛指舍利还法门寺时，由京城到寺院的几百里路上，车马昼夜不断，彩棚夹道。京城的男女老少，争先恐后前来为佛祖真身送别。

唐僖宗这次送佛骨礼仪创造了佛教史上的另一个奇迹。僖宗将佛骨及京城迎奉时帝后王公等人所赐的金银器、琉璃器、秘色瓷、丝织物、法器、宝函等一并送入地宫供养佛指舍利，用这些珍宝在法门寺地宫中完成了大唐密宗佛舍利供养曼荼罗世界，随后封闭了地宫。这是法门寺佛指舍利在中国古代史上最后一次现世，也将诸帝礼佛推向高潮并画上一个圆满的句号。

法门寺谜团的揭开重又激起了人们研究、观摩的极大兴趣。对法门寺文物所负载的文明的发现和研究，已经促成了一门新的学说——法门学的产生。学者们根据对最初打开地宫时这些器物的摆放方法和一些器物上的图案的研究，整理出了唐代时从印度传来我国内地，不久即遭失传的纯密教文化。

《清明上河图》

　　《清明上河图》绢本，淡着色，画幅高24.8厘米，长528.7厘米，系宋代著名画家张择端的作品。

　　张择端，字正道，北宋东武(今山东诸城)人。宋徽宗时为宫廷画家。张泽端少年时到京城汴梁(今河南开封)游学，后来学习绘画，尤其喜爱画舟车、市桥、郭径等，并且能够自成一家。据记载，张择端除了《清明上河图》传世外，另有《金明池争标图》《西湖春晓图》《南屏晚钟图》等作品。但《清明上河图》是其唯一的传世真迹。

历史第一长卷

　　《清明上河图》是一幅用高度现实主义手法创作的长卷风俗画，通过对市俗生活的细致描写，生动地再现了北宋汴京升平时期的繁荣景象。今天，有了此图，人们可以比较清晰地看到当年的生活景象。

　　《清明上河图》描绘的是北宋都城汴梁（今开封）和汴河两岸清明时节的市俗人事。画面规模宏大，结构严谨，从总体来看，可分为宁静的乡村、繁忙的汴河、喧阗的都城三个部分。首段描绘的是汴京郊野的春光。卷首从乡村开始，这一部分显得格外幽静，只见稀疏的树林，薄薄的轻雾，掩映着几家茅舍、老树，桥下是潺潺的流水，水上则轻漂着一叶扁舟。路边，阡陌纵横、田亩井然。一片柳林，树枝端头刚刚泛出些微的嫩绿，在料峭的寒意中，似乎已经预示着大地即将回春，一切都将温暖起来。在宽阔的马路上，在平淡无奇的气氛中，画面画出了一匹疯狂的惊马。惊马冲了过来，紧随其后的三个人急忙阻拦。跑在

张择端雕像：河南开封清明上河园内。

最前面的那位，不顾草帽被吹落，正张开双臂吆喝，而路旁两个正在玩耍的孩子，显然是被吓晕了，一个孩子可能是离得近一些的缘故，也可能是动作稍快的原因，已经扑到了一老人怀中。孩子的双脚已经瘫软在地了。另一个则哭叫着躲避过来。老人前倾着身子，急急伸手接应，似在哄着他。路对面，里里外外有四五个人也给惊呆了，不知所措地看着奔跑的惊马。最有意思的是，画面上还有一只拴在屋檐下的小马驹。它双耳直竖，尾巴翘起，四蹄乱蹬，也随着局面的紧张而惊恐不安起来。路上还有一顶轿子，轿顶装饰着杨柳杂花，轿后跟随着骑马的、挑担的，远远看去，内中坐着一位妇人，应该是从京郊踏青扫墓归来。清明扫墓是中国传统的习俗，到了这时，观画者应该明白了这幅画所描绘的时节，即清明。这也是这幅画得名的缘由。当然，也有人认为此画画的是汴梁清明坊一带的情形，所以，才被称为《清明上河图》。无论怎样，从画中情景上看，整幅画是围绕着清明时节的特定时间和风俗，去展现当时京城的热闹景象。

中段画的汴河码头区。汴河是北宋国家漕运枢纽，商业交通要道，从画面上可以看到人烟稠密，粮船云集，繁华之极。集市上的各做各事，各忙各活儿，他们或在茶馆休息饮茶，或在街上看相算命，或在饭馆享用佳肴……街上还有一家"王家纸马店"，应是专卖扫墓祭品的店铺。汴河上就更加繁华了。河面宽阔，水势清缓。河里船只往来，首尾相接，络绎不绝。有纤夫牵拉的；有船夫摇橹的；有满载货物，逆流而上的；有靠岸停泊，正紧张地卸货的，呈现出一派紧张繁荣的景

象。横跨汴河上的是一座规模宏大的木质拱桥，它结构精巧，形式优美，宛如飞虹，所以被命名为虹桥。这一段处于全图中心部位，也是全图故事情节的高潮部分。画上，有一只满载货物的大船眼看冲到了桥下，即待过桥，恰在这时，对面突然又驶来一条船，若避让稍迟，就意味着有船翻人亡的危险。只见船夫们不顾一切，有用竹竿撑的；有用长竿钩住桥梁的；有用麻绳挽住船的；有的摆动手势，有的大嚷大叫，提醒对方应付不测，还有几人忙着放下桅杆，以便船只通过。船里船外都在为此船过桥而忙碌着。桥上游人也情不自禁参与其中，他们一个个伸头探脑，也为过船的紧张情景捏了一把汗。桥上桥下喊声鼎沸，周围所有的人同心协力奋勇拼搏，以力挽狂澜之势扭转危局。画家将人们在紧急关头，所表现出的彼此关心、关注的质朴情感表现得淋漓尽致。通过这段激动人心的壮观场面，画家把画面节奏推向了高潮。

后段则是描写汴梁街市的景况，有茶坊、酒肆、脚店、肉铺、庙宇、公廨等等。商店中有经营绫罗绸缎、珠宝香料、香火纸马等的专营店，也有经营医药门诊、大车修理、看相算命、修面整容等的百行百业店铺。大的商店门首还张灯结彩，悬挂着招风旗帜，招揽生意。街市上，行人如织，摩肩接踵，川流不息，有做生意的商贾，有看街景的士绅，有骑马的官吏，有叫卖的小贩，有乘坐轿子的大家眷属，有身负背篓的行脚僧人，有问路的外乡游客，有听说书的街巷小儿，有酒楼中狂饮的豪门子弟，男女老幼，士农工商，三教九流，无所不备。交通运载工具：有轿子、骆驼、牛马车、人

《清明上河图》（摹本）：由清宫画院的5位画家陈枚、孙祜、金昆、戴洪、程志道在乾隆元年（1736年）合作画成。

力车，形形色色，样样俱全。此段绘画就像在讲故事似的，戏剧性地表现了当时社会现实的另一面。画面护城河木桥上，不少游人正兴致勃勃地凭栏远眺，自由自在地赏玩着。有一对沿街乞讨的父子出现在他们面前，正伸出手来乞求施舍，兴意正浓的两位游人，很不情愿地从衣兜里掏出钱回身递给乞丐，站在右侧的丐童，正踮着脚、仰着头、伸着手苦苦哀求，但那位怀抱婴儿的游人，只顾逗弄自己孩子，对小丐童的饥饿之声不理不睬。这一组人物图景别出心裁，震撼人心，将北宋末期工商业繁华景象背后的那种贫富差别，真实合理地表现了出来。

画面最后的一处房屋，屋檐下挂有"赵太丞家"的四字匾，有人正在求医问药。画卷至此才算收笔。

《清明上河图》通过这样三段组成了一幅统一的画面，从商业、交通、漕运、建筑等几个具有代表性的角度，集中体现了12世纪中国的都市生活面貌。有人统计，《清明上河图》总计在5米多长的画卷里，绘了550多个各色人物，大的不足3厘米，小者如豆粒，仔细品察，个个形神毕备，毫纤俱现，极富情趣。牛、马、骡、驴等牲畜五六十匹，车20多辆，大小船只20多艘。画上的房屋、桥梁、城楼等也各有特色，体现了宋代建筑的特征。全画为研究宋代社会提供了一件具有综合性价值的形象化资料。

从艺术的角度看，《清明上河图》气势宏大，构图严谨，笔法细致。在长达5米多的画卷中，对工匠、商人、士人、医生、相士、和尚、道士、官吏和儿童妇女等各种人物的情态、动作的精心刻画，细致入微。画面情节安排的巧妙和树木、水纹、船只等用笔的精致，都显示了画家在人物、山水、楼阁等各个方面的精深造诣。此画可谓集宋代各个画种的高超技艺于一图。更加难能可贵的是，此画虽然景物繁多，巨细无遗，然而并不显得琐碎繁缛，这说明画家既能画大场面，也能在宏观中画出细微之处。画家对生活细致入微的观察能力和生动传神的表现力令人钦佩。《清明上河图》是一幅历史价值、艺术价值和文物价值都相当高的国之瑰宝。

四次被盗，五入宫门

如此珍贵的宝物，自然引人喜爱，因此，从它出世那一刻起，它注定要历尽人间的坎坷。这件享誉古今中外的传世杰作，在问世以后的800多年里，曾辗转飘零，几经战火，历尽劫难，曾被无数收藏家和鉴赏家把玩欣赏，也曾为无数帝王权贵巧取豪夺，四次被盗，五入宫廷，演绎出了一幕幕充满沧桑的传奇悲剧。

这幅歌颂太平盛世历史长卷完成之后，首先被呈献给了当时的皇帝——宋徽宗。宋徽宗酷爱书画，自己也擅长丹青，他写的书体被后世称为"瘦金体"。他对此图非常喜爱，观阅之后，曾用瘦金体亲笔在图上题写了"清明上河

图"5个字，并钤上了双龙小印。1126年北宋首都汴京陷落以后，宋室皇宫内的金银珠宝、名贵文物被金兵席卷一空。《清明上河图》也沦落到金兵手中。但是，北方的游牧人似乎并没有认识到此画的真实价值，因此，它没有引起金代贵族与官家的重视，没有归入金朝皇宫，只是以普通字画的身份在民间辗转流落。至今在该图的题跋中留有张著、张公药等北宋灭亡之后留下的遗民们，展示此图，缅怀故国，感慨系之的题诗。

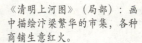

《清明上河图》（局部）：画中描绘汴梁繁华的市集，各种商铺生意红火。

元朝建立以后，《清明上河图》又重新被收入了皇宫。同样，出身游牧民的元朝皇室，对中原绘画的鉴赏、收藏能力远远不及宋人了。这样，《清明上河图》虽然进入了内宫，但长期与其他画作一起被冷落到内府仓库中。它并没有受到应有的重视，这也给他人偷盗此图留下了可乘之机。到了元朝后期至正年间，元宫内的一名装裱匠用临本换真本，将《清明上河图》真迹从宫中盗了出来，并随即卖给了朝内一酷爱书画的显官。

不久，该官被派往真定（今河北正定县）驻守，他府内负责保管此画的人，又趁机将画偷出，卖给了杭州人陈某。陈保存数年后，听说那显官将从真定归京，便打算卖掉《清明上河图》，以免惹祸上身。这件事让

当时一个儒雅风流、博古通今、爱好收藏的人士得知了，这个人就是籍贯江西的杨准。杨准听到消息，兴奋异常，因为他深知《清明上河图》的价值。他急忙赶到陈家买画。一个要卖，一个要买，双方一拍即合。杨准当即倾囊以授，买回了《清明上河图》。得了宝物之后，他就借故返回家乡，并将得图经过记录在图后的空白纸上。之后，杨准的好友江西新喻（今新余县）人刘汉龙偶游到杨家，杨出画共赏。

刘汉龙在书画界也是个小有名气的鉴赏行家，与杨准相交甚厚。杨准忙将《清明上河图》拿出来与好友共赏。刘汉龙见图后震惊无比，在杨准跋后亦题一跋，称图是"稀世珍玩"，要杨准的后代世世珍藏。

但是，世事往往不能遂人心愿，杨家并没能够将此图世代珍藏下去。到了明朝嘉靖年间此画为太仓人都御史王忬所有。当时，权臣严嵩和他的儿子严世蕃得知王家收藏有《清明上河图》后，强行索要。王忬自然不愿意，可是严嵩身为朝廷宰相，又不敢得罪。于是，他就请一绘画高手复制了一本送给严嵩。不巧的是，严嵩家里有一姓汤的裱画师，这个裱画师，早先生活十分困难，王忬巡抚两浙的时候救了他，将他带到自己家中做事，后来又推荐给严世蕃。当王忬的仿本《清明上河图》送到严家时，汤正在旁边，经过鉴定，就告诉严世蕃，画是假的。严世蕃听后，非常恼火，恰值蒙古人入寇大同，严氏父子借机弹劾王忬，王忬也因此被杀。王的儿子就是著名的文学家王世贞。据说，他对严氏父子恨之入骨，必欲除之而后快。他了解到严氏父子喜读淫书，就撰写了淫书《金瓶梅》，并在每一页上都涂上毒药，然后，再进献给严氏父子。严氏父子果然中计。他们被书中的故事情节深深地吸引住了，一边看，一边用手沾着唾沫翻着有毒的书页，书看完了，二人也都中毒而死了。

当然，这只是民间传说。传说有不同的版本。还有说此画曾转至长洲（今江苏苏州西南）人陆完手中。陆完死后，他的夫人懂得画的珍贵，就将画藏在绣花枕中，秘不示人。但是，陆的儿子最后还是知道了画的藏处，因为急于用钱，便将《清明上河图》卖给了昆山顾鼎臣家。最后，此画又被大奸臣严嵩父子强行索去。

这两个传说的结局是相同的，即此画最后落入到严嵩家中。明隆庆时，严嵩父子被弹劾，终于官场失势，严府被抄，也再度被收入皇宫。

到了明中期的时候，出了一个有权的太监，名叫冯保。冯在嘉靖时为秉笔太监。隆庆元年（1567年），出任当时的大特务机关——东厂的头头。万历皇帝继位时年龄很小，冯保与外臣勾结，假传遗诏，有拥立新君的大功。冯保权倾朝野，身在宫廷，他本人还写得一手好字，颇懂得鉴赏字画。在当权期间，他私自偷得《清明上河图》出宫，并在后题跋，称自己为"钦差总督东厂官校办事兼掌御用干事司礼监太监"。《清明上河图》从宫中出走后，又被变卖，在民间流传起来。

清代的时候，此图先由陆费墀（安徽相乡人）收藏。之后，又被朝廷重臣毕沅购得。毕沅是乾隆年间的进士，他死后，清廷认为他在任湖广总督期间，贻误军机以致动乱四起，将毕家世职革去，并且将他满门百口全部抄斩。他的家产也全部被抄没入宫。这幅《清明上河图》也随之第四次进入了宫廷。

此后，《清明上河图》一直在清宫珍藏。1911年辛亥革命爆发，清帝溥仪逊位，但仍然居住在故宫中，并且可以自由出入。就在这段时间，溥仪利用自己的方便条件，将《清明上河图》连同其他珍贵书画一起，以赏赐其弟溥杰的名义盗出宫外，存在天津租界内的张园内。1932年，溥仪在日本人扶植下，建立伪满洲国，那些从故宫带出的宝物又被他带到了长春，存在伪满皇宫东院图书楼中。《清明上河图》也在其中。

1945年，抗日战争胜利了，溥仪等一见大事不好，全都乘机逃往大栗子沟，最终被苏联军队俘获。而他所居住的伪满皇宫则遭遇失火，一片狼藉。混乱之中，伪满皇宫贮藏的大批珍贵之物流散到了民间，《清明上河图》也再次流出宫廷。

《清明上河图》（局部）：画中描绘汴梁繁华的市集。

国宝的故事

幸运的是，解放军解放长春后，通过当地干部收集到伪满皇宫流散出去的一些珍贵的字画，其中就有这幅重宝《清明上河图》。《清明上河图》被上交给了东北博物馆，后来才调到北京故宫博物院珍存。

散失的国宝终于回来了，然而，它的厄运并未完全终结，"文化大革命"中，林彪的部下曾经利用手中的权势将《清明上河图》强行从故宫博物院"借"出，据为私有。直到林彪彻底倒台了，《清明上河图》这才重见天日，回归到应该属于它的故宫博物院中。

近年来，为了满足全国各地人们亲眼目睹国宝的愿望，有关部门曾经专门展出过《清明上河图》。喜爱此图的人越来越多，对此图的研究也越来越多。随着研究的深入，人们发现此图存在许多令人费解的问题。第一，印章和题款的问题。根据图后明朝人李东阳的题跋，《清明上河图》前面应还有一段对远郊山水的描绘，并有宋徽宗瘦金体字签题和他收藏用的双龙小印印记，现在这些画上都已不见。对此，人们认为，一种可能是此图流传年代太久，经过无数人把玩欣赏，开头部分便坏掉了，于是后人装裱时便将其裁掉；一种可能是因宋徽宗题记及双龙小印值钱，后人将其故意裁去，作另一幅画卖掉了。更有专家猜想《清明上河图》后半部应该佚失了一大部分，因为画不应该在刚进入开封城便戛然而止，而应画到金明池为止。这个问题还没有得到解答，还值得继续探索。

《清明上河图》（局部）：画中描绘汴梁繁华的市井：来往于虹桥的人群，准备过虹桥的商船，各种各样的生意人等。

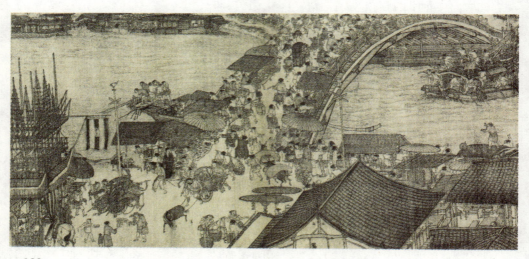

第二，关于此图命名的问题。多数人认为"清明"就是"清明节"的意思，图中内容主要描绘清明节那天的生活情景。这个说法自明朝以来一直被沿用。也有人认为"清明"是指汴梁城中的一个地方，该地方名叫"清明坊"，图画画的就是清明坊附近的景色与状况。第三种观点认为这是一幅怀旧杰作，主要怀念王安石变法时期那段辉煌的历史，画家借清明坊的"清明"之名，实际上歌颂政治清明，即北宋汴梁清明盛世图。当然，对后二者持否定意见的更多，至于此图究竟如何得名，还有待探讨。

第三，关于被"删除"的驴的问题。明清时期，此画的画心上后补了一小块绢，画有似驴非驴，似牛非牛的尖啄牛身的畜类和一个独轮平板车。这一段在结构比例、透视关系上都非常不合理，与全画相比也不协调。经专家们研究，那块儿绢并非宋代原绢，绢上的画也非张择端手笔。1973年北京故宫在对《清明上河图》重新揭裱时，专门召开了研究会议。最后，经反复论证与研究，认为这块似多加的绢对原作无益，不应保留，因此在修复过程中将这一小块"补丁"揭去，保持着画卷残旧的历史原状。这也引起了一些争议，也有些画家及研究者主张恢复其原有的样子。

《清明上河图》引起的讨论与问题远不止这些。由于《清明上河图》是人见人爱的珍宝，因此，自其问世以来，历代都有人临摹。南宋时就有许多此图的复制本，每卷甚至要价"一金"。目前，社会上的伪本《清明上河图》也广为流行，世界各地发现的伪本不下30余幅。其中中国大陆十几幅，中国台湾9幅，美国5幅，法国4幅，英国和日本各1幅，全世界到底有多少幅，至今还是一个谜。至于社会上到底有多少后人的摹本或伪作在流传，则更是一个谜。

国宝的故事

《淳化阁帖》

中国的书法艺术是中国的一绝，自有文字以来，几乎历代都有独自特色的书法形式。殷商甲骨文，周籀文、金文，战国篆文，秦小篆，汉隶书，晋行书，唐楷书，等等，将汉字的魅力表现得淋漓尽致。历朝历代又产生了许多成就卓著的书法名家。可以说，一部书法史，就是整个中华文明史的写照。在书法史上，汉、晋、唐都是值得大书特书的朝代，唐后的宋代在书法史上也有很多值得大书特书的地方，宋代法帖的刊刻就是其中之一。

帝王倡导的结果

众所周知，宋代是一个非常重视文人与文化的朝代，宋太祖赵匡胤在陈桥驿黄袍加身之后，对武将防备尤深，因此，在建国治国上，他特别注重发挥文人的作用与功能。其弟宋太宗赵光义也承袭宋太祖，偃武修文，也想在文学艺术方面有所发展。太宗太平兴国二年（977年），太宗下诏李昉等编《太平广记》500卷和《太平御览》1000卷，太平兴国七年（982年）又开始编纂《文苑英华》1000卷。这些都是流传千载的鸿篇巨制，为后世保留了大量的历史文献资料。太宗还爱好书法，他的书法宗师唐初褚、薛等书法家，行笔流畅奔放，风格简洁潇洒。大书法家米芾曾称他的书法是"真书达到很高的境界，草书已入三昧，行书则无人可比，飞白简直堪称入神"。太宗不仅喜爱书法，在日理万机之余，特别留意翰墨的收藏，命令侍臣大量购求古代帝王的名家墨本。当时，北宋宫廷秘府中墨迹数量之多，可谓汗牛充栋。淳化年间，他还建立一个书阁，专门收藏所得的各种书帖墨

《淳化阁帖》刻石残片：北京圆明园遗址公园展览馆。

迹，因为建于淳化年间，所以，这个阁被称为"淳化阁"。淳化三年（992年）时，他又推出阁中所藏汉、晋、唐各代的书札名迹，命令侍书学士王著编辑目录次序，标明法帖，临摹刻版在枣木板上，共分10卷，拓赐大臣一本，其后不复赐。全帖10卷，计入103人法书，420帖，这就是《淳化阁帖》，又名《淳化秘阁法帖》，简称《阁帖》。

负责刻印《淳化阁帖》的王著，字知微，世世代代居住在京兆渭南（今属陕西），至祖父王贲时，王家跟从唐僖宗逃入四川，于是，定居在成都。北宋统一四川后，王著进京，官为隆平主簿。他善于书法，笔力妩媚，颇有家法，因为知识精专渊博，被举荐进入御书院，为著作佐郎、翰林侍书与侍读，深得宋太宗赏识。爱好书法的宋太宗平日喜欢钻研书帖、练习笔法，自认为已经遍习各家字体，体会到了书法的精妙之处。为了得到确认，太宗命大臣王仁睿拿着自己写下的手札给王著，让王著进行评价。王著毫不客气地说："没到最佳境界。"宋太宗听说后，练习得更加勤奋，写出新作，又让王著鉴赏，王著依旧答道："还没到最佳境界。"王仁睿私下探问原委，王著说："帝王练书，夸奖太早，就不再用心了。"原来，王著是在机智地引导太宗持之以恒。后来，太宗再将他的书法作品交给王著的时候，他非常适时地赞扬道："陛下的功力已经达到了最高境界，不是我们这些臣子所能企及的。"这话，宋太宗当然十分受用。可能正是因为王著既通书法，又善于琢磨太宗的心思，所以，太宗让他负责《淳化阁帖》的刻印工作。

《淳化阁帖》是中国最早的一部汇集各家书法墨迹的汇帖，基本将宋以前书家名作一网打尽。它收有历代帝王、名臣及诸家古法帖，以及王羲之、王献之等的法帖，其中王羲之、王献之父子的书迹几乎占了全帖的一半。《淳化阁帖》除了介绍二王的书法，还把魏钟繇和晋名家的书法进行了一番探寻、比较。另外，它比丰碑巨碣的拓临更为方便，可以容纳较多不同形式的书体面貌。受当时时代的影响，此帖中楷书的成分很少，且大多是"稿本"之体。此帖摹勒逼真，精神完足，一向被誉为诸家法帖之冠，后来的法帖受它影响很大。它

《太平广记》

《太平广记》：宋代李昉等人编纂的大型类书，500卷，取材于汉代至宋初的野史小说及释藏、道经等和以小说家为主的杂著，基本上是一部按类编纂的古代小说总集。因成书于宋太平兴国年间，和《太平御览》同时编纂，所以叫做《太平广记》。

国宝的故事

《太平御览》

《太平御览》：北宋著名类书，李昉、李穆、徐铉等学者奉敕编纂，始于太平兴国二年（977年）。《太平御览》初名《太平总类》，书成之后，宋太宗日览三卷，一岁而读周，所以更名为《太平御览》。全书以天、地、人、事、物为序，分成55部，可谓包罗古今万象。书中保存了大量宋以前的文献资料，有很高的史料价值。

王澍临《淳化阁帖》的行草书：王澍，清代书法家，风格凝重醇古。清代书法家翁方纲评价他："篆书得古法，行书次之，正书又次之。"

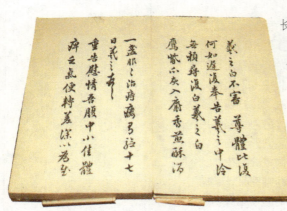

的卷首标题使用了"法帖"的字样，是书法范本中最先以"法帖"为名的，所以，它又被称为法帖的鼻祖。《淳化阁帖》的出世，带动了中国绵延千年的刻帖与仿帖风气，并在书法界形成了与"碑学"相抗衡的所谓"帖学"。另外，它对我国书体流传，尤其对宋代行书的发展，确确实实起了很大的推动作用。

《淳化阁帖》也存在不足。当时，北宋内廷收藏的各种书帖往往真赝杂居，王著也无暇细审，更无力辨析，只管编辑，务大求全。结果，《淳化阁帖》不周之处甚多。如第5卷卷首所列的苍颉、夏禹、仲尼、史籍、李斯、程邈等，只是传说的书家，历史上并没有他们的真迹存在，还有将唐代开元年间人列到汉、魏集中的，如此等等，都是《淳化阁帖》留下的遗憾。

宋元符年间，秘书郎黄伯思已经开始对《淳化阁帖》进行校订，他撰写并刊印了两卷校订录，还对《淳化阁帖》作了极为精当的评述。其后，对《淳化阁帖》的评论著述很多。多数人认为，《淳化阁帖》中收入的真迹不少，虽有伪书杂入，也无损它巨大的价值。因此，《淳化阁帖》仍然深受民众欢迎，广泛流行于朝野之间。

《淳化阁帖》是"奉圣旨摹勒"，所以，在它刻成之后，起初无人敢擅自翻刻。以后，官刻印版也被火烧毁，而早期的官拓本又十分稀少，只有位登中书省与枢密院两府的大臣，才能够得到官赐法帖拓本一部，所以，早期的《淳化阁帖》官拓本也非常珍贵，当时人非常重视。不到一百年，官拓本也已经非常少见了。

直到宋仁宗庆历年间，丞相刘沆为长沙太守时才为法帖翻刻，时人称为《长沙帖》，也称《潭帖》，是《淳化阁帖》最早的翻刻本。如今，它们已是黄鹤渺渺，了无踪迹。这之后，对《淳化阁帖》的翻刻蔚然成风，有直接翻刻的，如《二王府帖》、南宋《绍兴国子监帖》《淳熙修内司帖》《贾似道刻本》《泉州本》等，还有以淳化为本，加以增减重编的，如《庆历长沙帖》《大观帖》，以及对《淳化阁帖》进行续编的，如《元祐秘阁续法帖》《淳熙秘阁续法帖》《绛帖》等。诸多翻刻本中，又以泉州翻刻本最多，有"四十二泉"之称。明清时期的翻刻本更是不可胜数。《淳化阁帖》及其以后的各种法帖，对后世的书法创作影响也很大。因为这些法帖收的都是唐以前名家手迹，与石碑刻字全然迥异，而它们又是宋至清代习书练字的书生所使用的主要范本，因此，它们也就直接影响到后来的书法家及书法创作。元代最著名的书法家赵孟頫曾获《淳化阁帖》，研习6年而得正果，其书法成就堪称元代第一人。由此，也可以从一个侧面看出《阁帖》对中国北宋后书法艺术的重大影响。

八年追踪，五十年回归

由于原版的毁失，《淳化阁帖》的祖刻本，也就是宋太宗赏赐给各位臣子的拓印本也就显得非常重要了。众多的翻刻本在年代、价值上都难以与之比拟。但是，祖刻本数量本来有限，加上时代久远，多已失传，所以，已经非常稀见。清康熙时期，宫廷内府还曾收藏有宋太宗赏赐翰林学士毕士安的《阁帖》祖刻本，当时是淳化四年，也就《阁帖》刻成的第二年。乾隆三十四年（1769年）《钦定重刻淳化阁帖》就是以此为底本的。乾隆重刻后，就将毕士安原本置放在圆明园淳化轩。1860年英法联军焚毁圆明园，这个毕士安底本与刻石一起被焚毁了。至此，已经没有一部完整的祖刻本存世了。目前，内容保存较完整、年代较久的一套《阁帖》，分别由美国弗利尔博物馆和上海图书馆收藏（弗利尔博物馆收藏第1、2、3、4、5、6、7、8、10卷，上图收藏第9卷）。但这《阁帖》只是南宋刻南宋拓的翻刻本，其价值与祖刻本不可同日而语。

完整的祖刻本已经消失了，但是，残散的祖刻本仍然存在。那就是这套由上海博物馆从美国购回的明代孙承泽收藏的8卷本。这套《淳化阁帖》原为8卷拓本，卷6后有宋佚名题跋，卷8后有南宋淳熙癸卯宰相王淮题跋。此本上还有宋内阁中书省、门下省、尚书省书印。它的确是现今存世时间最久的《阁帖》本。这个祖本在南宋时曾为王淮、贾似道等收藏。但不知什么时候，这个原始拓本也散失了。元代赵孟頫收罗《淳化阁帖》，先购得2、5、8三卷，次年又觅得第7卷，其中，第8卷重出，缺第9卷。赵用第8卷复本另加柳公权帖一卷换来了第9卷，这才收全。赵曾考证，这套版本各卷虽然在上墨、刻制等各方面存在差异，但无疑属于祖刻本。

由明入清，赵孟頫这套《淳化阁帖》由孙承泽收藏，而孙也只得到了8卷拓本，上海博物馆购藏的6、7、8卷就是其中的3卷，其他5卷今已不知散落何处。孙承泽是明末大收藏家，与大诗人吴伟业都是崇祯四年的同科进士，与著名书法家王铎是好友。王铎临帖学书，一生没有看到"二王"书法真迹，他主要根据孙所藏《阁帖》临习，将《阁帖》当做良师益友，终于取得了杰出的成就。孙的收藏也对《阁帖》起到了一定的保护作用。

清代时，经安歧、钱樾等人收藏，这套刻本再次散落，到李宗瀚时，只有6、7、8三卷了。李宗瀚是江西临川人，他也是《阁帖》第6、7、8三卷在清代的最后一位收藏者。之后，这三卷阁帖传至李宗瀚的后人李瑞清。《阁帖》三卷从李氏家中散出，又归蒋祖贻、周湘云递藏，仍然没有离开上海，没有脱离中国。周湘云是上海滩的房地产大老板、著名的收藏家，《阁帖》三卷上留有周湘云的"古宁周氏宝米室秘笈印""湘云秘玩""雪龛铭心之品"三方收藏印。《阁帖》三卷当时就藏于周湘云的故宅，即现在青海路中医门诊部的那栋花园洋房。周湘云逝世后，它又为台湾著名收藏家吴朴新思学斋所藏。吴氏本居上海，后去台湾，去世之后，他的大部分家藏为纽约大都会博物馆购去。而《阁帖》三卷就不知下落了。

1995年嘉士德举办中国古近代名画拍卖，这三卷《阁帖》居然出现在竞拍现场。当时，酷爱收藏中国艺术品的美国人安思远以28万美元购得。之前，1994年，嘉士德公司也曾组织中国古代书法拓本拍卖专场，拍品中有被香港大收藏家李启严收藏的《淳化阁帖》祖刻本第四卷。安思远现场拍进了该卷。安思远已对《阁帖》前后追踪了8年，能够收集4卷祖刻本，他一手挂着拐杖，一手捧着酒杯，兴奋之情溢于言表。

与此同时，大陆方面也一直关注着这三卷祖刻本的动向。对于第四卷已被安收藏的情况，大陆方面并不知晓。得知这三卷《阁帖》的拍卖消息后，著名的书法家、碑帖研究及鉴定专家启功，心情难以平静。作为专家，他深知这三册《淳化阁帖》不仅为海内孤本，且三卷共收170帖，全是摹刻王羲之书迹的专卷。这是国家一级文物。老先生当时并不敢奢求它们回归，他只是希望能在有生之年见上一面，否则，他将死不瞑目。

1996年3月，时为国家文物局外事处处长的王立梅，要赴美参加"中华文明五千年文化艺术展"的谈判。临行之前，启功让她邀请安思远携带《淳化阁帖》三卷到北京展览。王答应了启功的请求。

在美期间，王立梅通过各种关系找到安思远，并转达了启功先生的愿望。安思远久闻王立梅的大名，并告诉她所藏《阁帖》不是三卷，而是四卷。随后，安氏又带她观看他的收藏。看到四卷《淳化阁帖》时，王立梅激动万分，她小心洗手，戴上手套，虔诚地、屏息静气地一直翻阅到最后一页。也许是启功和王立梅的虔诚打动了他，让王立梅意想不到的是，安思远提出，《淳化阁帖》不仅可以到北京展览，还可以转让给中国，条件是用故宫收藏的清代朝珠交换。

之后，在王立梅的联络下，故宫博物院积极选择可以交换的朝珠。另一方面，1996年9月，安思远也如约携四卷《淳化阁帖》到故宫博物院进行展览。启功和国内一批顶级的书法家、研究人员对这四卷《淳化阁帖》进行鉴定。挑剔的学者们一致认定这四卷是宋刻宋拓。

遗憾的是，交换没有成功实现，安思远似乎对故宫博物院所提供的交换物不太感兴趣。不过，他还是留下了愿意继续等待的信息。他还说：是中国艺术品给了他一切，他愿为中国做一些事；《淳化阁帖》不会给日本人，早晚会让它回到中国。2000年3月，安思远还将一件来自河北曲阳五代王处直墓的石雕武士，捐赠给中国历史博物馆永久收藏。2002年5月，他又将一件西周青铜器"归父敦"送还中国。但是，他一直没有收到北京方面关于交换《淳化阁帖》的反馈信息。这时，上海博物馆出动了。然而，通过几次交涉，上海方面与安思远在售价上没有达成一致。最后，他们想到了深为安思远所信任的王立梅。王再次赴美面见安思远，安思远指出，《淳化阁帖》给日本人的出价是1100万美元，出于他与王彼此之间的友谊与默契，王出面收购的话，价格可以由600万美元降到450万美元。

王立梅随即将这个消息通知到上海博物馆，由于担心夜长梦多，上海方面接受450万美元的价格，并希望她随机带回来。于是，王立梅通知安思远，可以接受这个价格，并提出希望将《阁帖》随机带回。安表示同意。当天晚上，他又专门为王配备了一个旅行包，并说，如果换了他人，不先交200万美元，他是决不会让把《阁帖》带走的，但对王立梅，他绝对信任，保证金可以免付。

那是2003年4月，中国大陆正遭受着SARS的肆虐，然而，在王立梅的脑海里，想得更多的是，8年了，终于实现了《淳化阁帖》回归祖国的梦想。兴奋、激动，甚至伴随着忐忑不安，她一点睡意都没有，一会儿摸摸旅行包在不在，一会儿又瞧瞧旅行包移动没有。是啊，她怎能安然入睡啊，她身旁放着的，可是价值450万美元的国宝啊！

4月14日，王立梅将《淳化阁帖》送到上海博物馆，上博的几位书画专家当即进行查验。他们用20世纪20年代珂罗版印制的《淳化阁帖》与宋拓《淳化阁帖》一卷卷地逐一进行查对。让他们吃惊的是，第7卷竟然缺了3页，在场诸人脸色大变，接着下查第8卷，又多出3页。多出的恰好是第7卷缺少的那3页。大家提到嗓子眼里的心这才放了下来。最终，专家确认这4卷《阁帖》是存世的最善本。

上博收回《淳化阁帖》后，随即安排将它展出。考虑到它属于所谓"黑老虎"碑帖，黑底白字，与绘画的多彩、文物的多姿相比，显得单调，他们在布展设计上费心尽力，将《阁帖》一页页镶嵌在黑瓦白墙内，200米展览线迂回曲折，令观众如入苏州园林，而每页阁帖旁所附相应释文，又让人们更好地理解了《阁帖》的丰富内涵。

《蜀素帖》

　　《蜀素帖》，墨迹绢本，29.7cm×284.3cm，系北宋著名书法家米芾的作品。米芾(1051—1107年)，初名黻，字元章，别号襄阳漫士、海岳外史等。他祖上是太原人，后来迁到襄阳，最后定居在润州(今镇江)。他曾历任雍丘知县，涟水军使等。米芾精通书法，能写篆、隶、楷、行、草各种书体，又善于绘画，同时还是著名的书画鉴赏家。时值酷爱艺术的宋徽宗掀起了书画学高潮，他随之被召为博士，后又被擢升为礼部员外郎，终年57岁。因为曾任礼部员外郎，所以，后人称他为"米南宫"，也有根据籍贯称他"米襄阳"的。米芾为人正直，不随波逐流，虽然已做高官，但生活比较困窘。究其原因，是他生性傲岸，每每与常人不同。米芾有三怪：穿戴常仿效唐代人，所到之处，常常引起人们的围观；好洁成癖，从不与人同用手巾等物；爱石成癖，他在无为州(今安徽境内)做官时，看见一具怪石，形状奇特，大喜道："此足以当吾拜！"随即整理衣冠，对石再拜，并称石为兄。因此，常人又称他为"米癫"。米芾本人对自己爱石的癖好颇为自鸣得意，曾经专门画下《拜石图》。后世画家也比较喜欢摹画此图，于是，在常人眼里，极为荒诞的米芾拜石一事在文人雅士那里，又传成了佳话。米芾非常精于搜集、欣赏、鉴别各种异石，相传他曾留下"瘦、秀、皱、透"四字相石法。

《蜀素帖》（局部）：湖北襄阳米公祠。

米芾石雕像：湖北襄阳米公祠。

米芾非常聪明，6岁能熟读诗百首，7岁开始学书，10岁能写碑，21岁步入官场，是个早熟的天才。在书法上，他是常言的"宋四家"（苏东坡、米芾、黄庭坚、蔡襄）之一。他的书法潇洒奔放，又严于法度，苏东坡盛赞为"真、草、隶、篆，如风樯阵马，沉着痛快"；另一方面，他又独创了山水画中的"米家云山"之法，善以"模糊"的笔墨作云雾弥漫的江南景色，用大小错落的浓墨、焦墨、横点、点簇来再现层层山头，世人称为"米点"。他的画法为后世许多画家所倾慕，争相效仿。他的儿子米友仁，留世作品也较多，使他的画风得以延续发展。他们父子的创作也使"文人画"上一新台阶，在中国画史上留下了重重的一笔。因此，究竟米芾的字胜于画，还是画胜于字，是一个颇令书画史家头疼的问题。

尽管才艺渊博，但是，米芾平生在书法上用功最深，书法成就以行书为最大。他的画已经不传于世了，幸运的是，他的很多书法作品却得到了很好的保存。南宋以来各种的著名汇帖，多数刻有他的书法书。他的书法流播之广泛，影响之深远，在"宋四家"中，实可首屈一指，是北宋四大家的杰出代表。米芾练字，自称"集古字"，这可能是米氏书法成功的原由。米芾早年受5位唐人的影响最深：颜真卿、欧阳询、褚遂良、沈传师、段季展。米芾的一些特殊笔法，如"门"字右角的圆转、竖钩的陡起以及蟹爪钩等，都集自颜之行书；米字外形竦削的体势，来自对欧体的模仿；米芾大字的"独有四面"、"刷字"也许来源于对段季展的临摹；而褚遂良的用笔最富变化，结体也最为生动，非常对米芾的脾胃，对他的影响也是显而易见的。

元丰五年(1082年)以后，米芾有了新变，他开始寻访晋人书帖，不久，他得到了王献之的《中秋帖》。这个书帖，对他产生了巨大的影响，以致他总认为王羲之不如其子王献之。但是，他也并不满足于小王，他还学习过其他晋人的书帖，如羊欣等。这时，米书还没有定型，他在元祐三年一个半月之内书写的《苕溪帖》《殷令名头陀寺碑跋》《蜀素帖》三帖，风格上差异很大，这说明，他还没有走出古人，独立成家。大概在50岁以后，他才形成了自己的风格。这定型的书法特点是好"势"，"势"最适合的是行书，这也造成了他只能写出行书，不能写出上佳的楷书、草书的缺憾。

米芾写字非常认真，创作态度非常严谨，从不一挥而就。他写《海岱诗》，前后分三四次写成，还只对其中一两个字比较满意，对自己的要求可谓严格。他练习勤苦，每天临写不辍，甚至大年初一也不忘写字，常常觉得一天不写字，就构思枯涩。这种认真的态度，勤奋的努力，使他对书法的分布、结构、用笔，也有着独到的体会。在字体上，他要求做到"稳不俗、险不怪、老不枯、润不肥"，在章法上，他重视整体气韵，兼顾细节的完美，成竹在胸，书写过程中随遇而变，独出机巧。

米芾的用笔有飘逸超迈的气势、沉着痛快的风格。字的起笔、捺笔、横画、钩都富有各自的特色。米芾的书法中常有侧倾的体势，欲左先右，欲扬先抑，都是为了增加跌宕跳跃的风姿、骏快飞扬的神气，因为具有深厚的古体功底，所以出于天真自然，而无矫揉造作之态。

最能代表米芾书法成就的当是他的《蜀素帖》。北宋时，蜀地（今四川省）生产一种质地精良的本色绢，称为蜀素。有个叫邵子中的人把一段蜀素裱成一个长卷，上面织有乌丝栏，制作考究，只在卷尾写了几句话，空出卷首，并将之流传子孙后世，以待名家题写，可是传了祖孙三代，还是没有名家敢写。因为丝绸织品的纹罗质地粗糙，滞涩难写，所以，那些书法功力不太深厚的，都不敢下笔。这卷蜀素后来传到了湖州（浙江吴兴）郡守林希手中。北宋元祐三年（1088年），米芾应林希邀请，结伴游览太湖近郊的苕溪，林希取出了蜀素卷，请米芾书写，时年38岁的米芾，正值盛年，"当仁不让"，一口气写了自作的8首诗。这些诗全是当时记游或送行之作。卷末款署"元祐戊辰，九月二十三日，溪堂米黻记"，那时，米芾还名为黻，所以题名米黻。当时，他执笔就写，一挥到底，写得随意自如，飘逸飞动，仿佛如鱼入水，没有半点儿的滞涩。这就是《蜀素帖》。由于丝绸织品不易受墨，因而，卷面出现了较多的枯笔，这反而使全篇墨色有浓有淡，如渴驹奔泉，更显得精彩动人。

《蜀素帖》结构奇崛率意，变幻灵动，缩放有间，奇正相生，字形秀丽颀长，风姿翩翩，随意布势，不衫不履，自然成趣。作者用笔纵横挥洒，洞达跳宕，方圆兼备，刚柔相济，藏锋处微露锋芒，露锋处略显含蓄，垂露收笔处戛然而止，如同快刀斫削，悬针收笔处有正有侧，或曲或直；提按分明，牵丝有力；整体墨迹似浓似纤，不乖不戾，亦中亦侧，不燥不润，恰到好处。在章法上，紧凑的点画与大段的空白强烈对比，粗重的笔画与轻柔的线条交互出现，流利的笔势与涩滞的笔触相生相济，风樯阵马的动态与沉稳雍容的静意完美结合，形成了《蜀素帖》独具一格的特色。当时著名书法家黄庭坚非常推崇此帖，认为帖中笔势如刀剑出鞘，锐不可当，又如娇羞女子，婀娜多姿。后人对此帖评价也非常之高，大多认为它以率意的笔法、奇诡的结体、中和的布局，彻底改变了晋唐以来和平简淡的书风，创造出激越痛快、神采奕奕的新意境。

此卷明代时曾为项元汴、董其昌、吴廷等著名收藏家珍藏，清代又辗转高士奇、王鸿绪、傅恒等之手，后又进入清宫内府，现存台湾故宫博物院。

除了《蜀素帖》，米芾传世的名帖还有《紫金砚帖》（行书）、《苕溪诗卷》（行书）、《多景楼诗册》、《研山铭帖》（行书）、《向太后挽词》（小字行楷）、《寒光帖》（行草书）等。其中，《研山铭帖》是米芾的代表作，也是国家重要文物，目前，已由国内从海外购回。

米芾题名拓片：中国国家博物馆藏。

米芾还嗜爱奇石、笔砚，富于收藏。他将砚看得像自己的头颅一样重要，对于笔砚，也素有研究，曾著《砚史》一书，对各种古砚的品样，以及端州、歙州等石砚的异同优劣，都有详细的辩论。据说，他特爱砚山，得到一件砚山，甚至抱着同眠三日。而他最喜爱的一座砚山是南唐后主李煜的遗物，后来，因故转让他人，米芾经常挂怀，念念思之，《研(砚)山图》就是这样创作出来的。他收藏较多，又非常喜爱，时时不离身边，甚至因事外出时，也往往随其附带，如乘船，就在座船上大书一旗——"米家书画船"。

　　米芾能书也能诗，晚年住在润州丹徒(今属江苏)时，建有山林堂。所以，他就命名自己的诗文集为《山林集》，诗文现大多散佚。据说，苏东坡对他的文学才华也十分赞赏。米芾的画迹今不存于世。他所著的《画史》记录了他收藏、品鉴古画以及自己对绘画的偏好、审美情趣、创作心得等。这应该是研究他的绘画的最好依据。

　　因为米芾的书法成就较高，历代学书者都非常推崇他及他的作品，同时，摹拟他的书法作品制作的伪品、赝品也比较多见。这也给后人拨伪见真制造了一些困难。不过，有了《蜀素帖》等真迹的存在，我们就比较容易区别真伪了，同时，我们也能够更加准确地把握这位"米癫"当年的风格与特点，从而更好地继承这些前代先贤们留下的宝贵文化遗产。

玫瑰紫釉花盆

玫瑰紫釉花盆，北宋钧瓷制品，高为18.4cm，口径约20cm，足径为12cm。花盆仿照青铜器的式样，口沿外撇，直颈，腹宽肥鼓起，圈形足。花盆内外通体施铜红窑变釉。盆器的里壁为月白色，口沿下至颈部主要以天蓝釉为主，间有数道玫瑰紫红釉晕散其中，微泛紫红。腹部则主要施玫瑰紫红釉。花盆内兼施玫瑰紫与天蓝色釉两种不同釉色，足部为酱色。盆的底部刻有"六"字款，并凿有5个透气孔。

花盆造型端庄规整，形体变化简洁古朴，显示出一种内在的、含蓄的凝重美和超然美。釉色柔和典雅，如晚霞般绚丽多彩，艳而不俗，高贵大方，在蓝紫融汇、交织变化的釉色中，呈现蚯蚓走泥纹，使器物更增自然天成之美感。这种绚丽釉色是铜红釉在高温窑变下产生的效果，充分显示钧窑釉的丰富多姿和明亮光华，具有变幻莫测的诱人魅力。此花盆是宋代传世钧窑瓷器中的精品。现藏北京故宫博物院。

说到钧瓷，必先提及钧窑。钧窑起源于河南禹州神垕镇，与汝窑、官窑、哥窑、定窑等窑并驾齐驱，是我国著名的五大名窑之一。禹州历史上曾经是我国夏朝的都城，大禹之子启曾在这里的钧台宴会天下诸侯，举行盛大的开国典礼。因此，禹州在古代又被称为钧州，这也是钧瓷得名的由来。钧瓷烧制的历史非常久远，开始于唐，而兴盛于宋，迄今已有1300多年的历史。

钧瓷的烧造与禹州神垕所特有的土质、水源和气候有莫大的关系。这里既有秉承天地之灵气的大龙山、凤翅山的孔雀岩、豆腐石、玛瑙岩、虎皮绿等名贵矿石和土质，又有含自然之精华的颍河水配料，再加上暖温带季风性气候，日照充足，四季分明。这些都构成了禹州烧制钧瓷的独特资源。

因为资源独特，所以，钧瓷的烧制与其他各种瓷器都非常之不同。在五大名窑中，钧瓷是最为独特的一

玫瑰紫釉花盆：现藏北京故宫博物院。花盆通体内外施窑变釉，口沿至颈部以天蓝色釉为主，又散晕着玫瑰红色釉，犹如晚霞；腹部釉色以玫瑰红色为主，明亮艳丽；外底施酱色釉。此器造型端庄，色彩变化丰富，堪称精品。

种。钧瓷以其"入窑一色，出窑万彩"的神奇变幻而著
称于世。这种神奇的工艺，就是烧瓷常言的"窑变"。
引起窑变的原因，在于钧瓷的上釉。青瓷的烧造一般以
氧化亚铁为着色剂，所以，烧出的瓷色比较固定，以青
色为主。钧瓷烧制时，在烧制蓝釉的釉料中掺入了铜的
氧化物作为着色剂。这种铜的氧化物经过火焰高温烧烤
后，往往还原成铜红釉。这种铜红釉对温度和烧成时窑
内的气氛十分敏感，稍一偏离就得不到正常的红色，往
往会带来意想不到的神奇色彩，其结果是出窑产品的釉
色变化万千，红色、蓝色、青色、白色、紫色等交相辉
映，绚丽多彩，有的如蓝天中的晚霞，瓷工称为钧红；
有的像熟透了的海棠，瓷工称为海棠红；还有的似雨后
彩虹，美不胜收。最为可贵的变色是紫斑，瓷工称为玫
瑰紫，它是通过在青蓝釉上有意点上红釉而形成的。这
种玫瑰紫宛如晴空上飘浮的彩云，又像诗画一般动人。
诗人雅士对它都极为赞赏，宋代曾有人用"绿如春水初
生日，红似朝霞欲上时"及"高山云雾霞一朵，烟光空
中星满天。峡谷飞瀑兔丝缕，夕阳紫翠忽成岚"等诗句
来形容钧瓷釉色的多样和窑变之美。这些赞扬并不过
分。钧瓷的这些色彩变化，归结起来，都是"窑变"的
结果。

　　"窑变"的效果非常迷人，不经过人工绘画的钧
瓷釉色，竟然常常是红中带紫，紫中藏青，青中有白，
白中泛蓝，蓝中透红，具有一种人工绘画难以企及的天
然美。这"窑变"究竟是怎样发生的，为什么会变出如
此多的色彩，在古代工匠们看来，确实是一个难解之
谜。对此，工匠们怀着极大的迷信，他们流传着这样的
故事。从前，钧瓷是一种御用品，
烧成一件非常不容易，所得
的报酬微薄得很，加上
官府常常催逼拷打，窑
工们实在难以忍受，
只好丢下祖业，携儿带
女流落他乡。于是，钧
瓷的生产一落千丈，几近绝
迹。这时，有一个老窑工为了
不使传统钧瓷工艺失传，坚持留了下

清代乾隆年间茄皮紫釉刻花
盘：江西景德镇陶瓷馆。

来，甘愿忍辱受穷继续烧制。但是，那些作威作福的大老爷们可体谅不到这一层辛酸。一天，官府带来皇帝的圣旨，命令老人做一张钧瓷龙床，限期烧成，超出期限就要砍头。钧瓷界有句常话道"钧不过尺"，意思是钧瓷不宜烧制的太大。像龙床那么大的钧瓷怎么烧呀？老人非常犯难，君令难违，也只能勉强烧制了。一次，一次，再一次，老人的烧制都以失败而告终。眼看期限将到，老人心里明白，烧不成龙床也难以活命。放弃了，不烧了，逃掉算了，但是，执著的他怎么也舍不得这刚刚摸出点眉目的工艺。他就这样继续烧着，直到皇上派兵来抓他，他还在不停地添煤、捅火，苦心琢磨烧制工艺。听到身后兵丁的吆喝后，他知道再也活不成了，只好翻身纵入窑内火海……

士兵们走了，人们怀着悲愤的心情打开窑门，惊奇不已，原来，龙床已经烧成了，并且釉色分外新奇，真是清澈如水，明亮似镜，温润像玉。这样好看的颜色，代代烧炼的工匠们还从没见过！以后，在烧制钧瓷的时候，窑里也经常出现这样的变化，人们都说是那位窑工在暗中保佑，才烧出了绝世珍品！窑工们于是就将这种现象称做"窑变"。据说，为了纪念这位老窑工，窑厂还把他敬成窑神。每逢一窑瓷器要烧成的时候，就点香放鞭炮来祭奠他。

当然，传说毕竟是传说，总是有些夸张的成分，不过，这个传说也说明人们对钧瓷神奇工艺极为叹服。

通过窑变烧出的钧瓷，在釉色上大体分蓝、红两类，红色以玫瑰为最佳。蓝色则不同于一般的青瓷，往往呈现出各种浓淡不一的蓝色乳光釉。蓝色较淡的称为天青，较深的称为天蓝，比天青更淡的称为月白，这几种色釉都有萤光般优雅的蓝色光泽。这种乳光釉也是钧瓷所独有的特点。

钧釉的另一个重要特征是蚯蚓走泥纹，即在釉中呈现一条条逶迤延伸、长短不一、自上而下的釉痕，如同蚯蚓在泥土中游走。蚯蚓走泥纹的产生，是由于钧窑瓷胎在上釉前先经素烧，上釉又特别厚，釉层在干燥时或烧成初期发生干裂，后来在高温阶段又被黏度较低的釉流入空隙所造成。这也是后世仿钧瓷最难神似的地方。

到了宋代时，钧瓷的工艺达到了空前高超的水平。钧窑瓷器凭着蕴润雅致，五彩斑斓的釉色著称于世，同时，它在用釉和造型上也达到了完美的结合。这时的钧瓷造型既讲究实用功能，符合生活的客观规律，还十分注重艺术美。因为钧窑瓷器的釉层丰满且有流动性，所以，当时的工匠们在造型上除了注意圆、扁、方、长、曲、直、缩、张格局合适和虚实得当之外，还通过追求浑厚端庄，典雅大方，装饰简练，线条明朗，棱角突出，起伏得当，来增强钧釉的艺术美。例如，在钧瓷的纹路上，他们使釉在器型的不同位置出现拉丝、沉积、结晶等变化，呈现出兔丝纹、蚯蚓走泥纹、鱼子纹和珍珠点等名贵纹路。他们还通过厚釉在相应的器型上的煅烧、熔融、流动，使瓷器釉色与纹路相交出奇，浑然构成一幅幅神异的图画。这些画面，变幻莫测，犹如鬼斧神工，又如自然天成，随着人们丰富的想象力，呈现出各种绝妙奇景，如高山云雾、峡谷飞瀑、满山翠竹、星辰满天、寒鸦归林等，富有流动的美感，令人叹为观止，拍案称奇。

钧瓷这种因人、因情、因境、因时不同，而不断变化出巧妙景致的工艺，具有一种诱导欣赏者进入到神奇的境界，与道家风尚的"法力"有些类似，正好投中崇尚道教的皇帝宋徽宗赵佶的喜好。他非常喜爱钧瓷，称赞钧瓷为"精妙绝品、奇珍异宝"，亲自御封为"五大名瓷"之首，并在阳翟（今禹州市）设立钧瓷官窑，烧出了罕见的精品钧瓷。

这个宋徽宗，确实是一个具有较高艺术修养的艺术家。他能书善画，他写的字，号称"瘦金体"，直至今日，仍为书法爱好者所赞赏。他的画，流传至今的，也是国家级文物。但是，他又是一个不折不扣的昏君，作为一国之主，面对北方辽、金等国的威胁，他不仅不励精图治，强国富民，反而重用小人，听信佞臣，并且不惜耗费民脂民膏，在汴梁（今开封市）建造"艮岳"。他建造"艮岳"的目的，是要将天下所有的珍异花木竹石都集中起来，构成一个皇家精品园林。他下令全国各地将所搜求的稀奇花石，运送至京，当时称这些花石为"花石纲"。无数百姓因为所谓的"花石纲"而倾家荡产、卖儿卖女。奇石运到后，需要摆放，各地宋代钧窑玫瑰紫釉鼓钉洗：中国国家博物馆馆藏。

运送的花木，则需要花盆来栽养。于是，宋徽宗命令官钧窑大量烧制各种花盆、花盆托，及奁、鼓钉洗等陈设用瓷，用来盛装精美的花木竹石，使之相得益彰。就这样，钧瓷的烧制彻底地被皇家垄断了。

朝廷对烧制各式花盆要求十分严格，器物底部都刻以数字，以示器物大小，使花盆和盆托可以对号入座，不至互相混淆。这件玫瑰紫花盆底部就刻有一个"六"字，是典型的北宋官钧窑产品。当时具有代表性的钧瓷外型是炉、鼎、洗、盆、奁、杯、盏、瓶、钵、盘、碗、盒、枕、座墩等十余种。尤以花盆为多，如葵花式、莲花式、海棠式、主角式、方形和长方形等。不过，像这件这样的尊形花盆并不多见，流传下来的就更少了。所以，这件尊形花盆算得上一件珍贵的国宝。

宋徽宗不仅将官窑钧瓷的上制品入选皇宫，而且将残次品则全部销毁，不准在民间流传和收藏，加上官钧窑生产规模小，烧造时间也短，生产工艺又随着宋朝廷的南迁而基本失传，因此，钧窑作品传世极少，且身价极高。自宋徽宗之后，钧瓷只是历代帝王钦定的御用珍品，只供皇家使用，民间不敢私藏，以致享有"黄金有价钧无价""纵有家产万贯，不如钧瓷一片""雅堂无钧瓷，不可自夸富"的盛誉。

由于制作工艺的复杂，很长时间之内，五大窑中，只有钧瓷一直无法仿制。最近，经过陶瓷专家们的多年分析、钻研、试验，钧瓷烧制的秘密终于被破解开了。禹州市率先完成对钧瓷传统烧制工艺的科技创新，成功设计建造了钧瓷窑，烧制出艺术魅力极强的钧瓷精品。钧瓷这种绝妙的传统工艺终于又重出江湖，再次焕发出动人的美丽与高贵的风姿。

《鹊华秋色图》

《鹊华秋色图》，纸本设色，纵高28.4厘米，横长90.2厘米，元赵孟頫所作，今为台北故宫博物院收藏。

赵孟頫，字子昂，号松雪、水精宫道人等，南宋理宗宝祐二年(1254年)生于风光如画的浙江吴兴(今属湖州)，系宋太祖赵匡胤次子秦王赵德芳之后，为宋太祖十一世孙。他是元代最显赫的画家之一，也是最卓著的书法家之一，在中国书画史上具有广泛影响。他的一生经历宋元之变，仕隐两兼。赵孟頫的青少年时期是在坎坷忧患中度过的。他虽为贵胄，但生不逢时，南宋王朝其时已如大厦将倾，朝不保夕。更不幸的是，他11岁时，父亲便去世了，家境每况愈下，度日维艰。在母亲的教导下，赵孟頫向当地名儒敖继学习经史，向钱选学习画法，10年之后，学问大进，成为"吴兴八俊"之一，声闻朝廷。

元朝政府为了缓和民族矛盾，在江南搜访有名望的知识分子，委以官职，借以稳定民心。赵孟頫这个有学问的宋室后裔自然成为元廷笼络的重点对象。虽曾多次拒绝征召，甚至避地他乡，但他最终还是选择了入仕。到京城后，元世祖赞赏他的才貌，惊呼为"神仙中人"，礼遇甚隆。赵孟頫虽受宠遇，也只担任兵部郎中、集贤直学士一类的闲职。因此，他常为自己不守气节有负祖先而感到内疚，更为当时进退身不由己的境况而惆怅。元世祖渐趋年迈后，皇室政局更是莫测变幻，赵孟頫深知宦海险恶，为躲避是非，免遭奇祸，他于至元二十九年(1292年)下至山东，任济南路总管府事。元贞元年(1295年)，赵孟頫被元成宗召回京城修《世祖实录》。由于厌倦元廷内部的重重矛盾，赵孟頫借病乞归，返回了阔别多年的故乡吴兴。赵孟頫在江南闲居4年，闲情逸致寄于山水、诗文、书画，颇感自在。他时常与鲜于枢、仇远、戴表元、邓文原等四方才士聚于西子湖畔，谈艺论道，挥毫遣兴。有时则隐居于夫人的老家，静心欣赏文物朽画，阅读前人佳篇，朝起听鸟鸣，日落观暮霭，过着与世无争的宁静生活。这几年，是赵

国宝的故事◆

孟頫艺术修养、书画技艺都与日俱增的几年。他以唐人、北宋古画为准绳，为友人写山水、绘人物、作花鸟、画鞍马，抒发胸中纵横逸气，妙趣蔼然。他为佛寺道观书写了篆、隶、楷、行、草等各体书法作品，作品多有王羲之笔意，如花舞风中，云生眼底，潇洒遒劲。

元大德三年（1299年），赵孟頫被任命为江浙等处儒学提举，统领各路府的教育事业，与文化界联系密切，相对儒雅而闲适，比较适合他本人的旨趣。在此任上，他一直干了11年。这段时间，他利用公务之暇，广交文人学士、书画家和文物收藏家，遍游江浙佳山秀水，心摹手追，创作进入旺盛时期。四方文士来浙者，无不以能登门造访、结识赵孟頫为荣。

其后，在当时的皇太子爱育黎拔力八达的举荐下，他又被征召到大都，为翰林侍读学士，侍从于皇太子左右。爱育黎拔力八达即位为仁宗后，赵孟頫的地位与待遇又得到了巨大的提升。

由于仁宗的青睐和赵氏艺术的出类拔萃，赵孟頫晚年名声显赫。外国使臣、僧人，都以能求得赵氏墨宝为荣。赵孟頫对自己这种官宦身份似乎并不满意，幸运

《鹊华秋色图》：元朝赵孟頫绘，台北故宫博物院藏。

的是，他有一位能诗善画的妻子管道昇与他彼此唱和。管道昇也出生在贵族家庭，诗、书、画俱佳，她的画风与赵相似，后世评论她的作品"绝无妇人画之纤弱风"！她是我国历史上著名的女书画家。传世名作尚有《墨竹图卷》、《烟雨丛竹图》分别为北京、台北两处故宫博物院所收藏。他夫妻二人爱好相似，相处甚欢。当赵得宠时，管道昇也曾被封为"魏国夫人"，还经常出入内廷，成为皇后的座上客。但是，她深深体会得到赵日日忙碌、受人使役的处境，因此，她填写《渔父词》劝赵归隐。其中一首写道："人生贵极是王侯，浮名浮利不自由。争得似，一扁舟，吟风弄月归去休！"

延祐五年（1318年），管夫人病发，逝世于南归的舟船中。赵孟頫悲痛万分，相濡以沫的管夫人撒手西去，给了赵孟頫很大的打击，他对官场的虚名，也因此彻底看破。之后，赵孟頫的健康状况急剧下降。他倾心于佛、道之旨，在平淡中度过光阴。元英宗至治二年(1322年)六月，他逝于吴兴。据说，他临死还观书作字，谈笑如常。一代书画大家经历了矛盾复杂而荣华尴尬的一生，终于安息了。赵孟頫死后，其子赵雍等将他

与管夫人合葬于德清县千秋乡东衡山"阳林堂"别业东南侧。

在中国美术史，乃至中国文化史上，赵孟頫都是一位博学多才的杰出人物。他的绘画，山水、人物、竹石、鸟兽，均享有盛名；此外，赵孟頫善于诗文、考据学，精通音乐，并在篆刻艺术、鉴定古器物上皆有一定的成就。他对篆、隶、楷、行、草等各体书法，无所不精，堪称一代之冠。后人评他的书法汲取了钟繇的质朴沉稳，王羲之的蕴藉潇洒，王献之的流丽恣肆，李邕的崛傲欹侧，形成了华美而不乏骨力，流丽而不落庸俗，潇洒中见高雅的独特风格，称他为"唐以后集书法之大成者"，明人王世贞更是赞他为"上下五百年，纵横一万里，复二王之古，开一代风气"，这些都并非虚言。

这幅画作于元贞元年(1295年)，是赵氏在追求古朴画风的基础上，向温润清雅艺风发展的代表作，也是赵氏青绿山水趋于成熟的标志。

元贞元年冬天，他携家带口，罢官归乡，清风两袖，那些宋朝的遗老遗少们难免侧目而视。但是，诗人兼收藏家周密对他一往情深，令他感激不已。周密的先辈是山东历程（在今济南城东约15公里）人，宋室南渡后随宋高宗南迁。周密从未回过原籍去。而赵曾在济南路任"总管府事"3年，对济南周围一带的山川比较熟悉，还曾写过不少描写济南山水的诗篇。他于是向这位祖籍山东的遗民讲述济南山川的旷逸秀美，并为他绘制了著名的《鹊华秋色图》。

这幅画描绘的是济南北郊鹊山、华不注山的秋天风景。鹊山在城北约12公里，即现在的黄河铁桥的北端西侧；华不注山在城东北约15公里的黄河南岸。全画采取平远法构图，凭记忆而成。画中林木村舍掩映，平原上两山突起，遥遥相对。一山高耸，一山低伏，其间千畦如坻，古木成林。作者用写意笔法画诸岸树木，树干简略双钩，树叶用墨随意点成，笔法灵活，观者看来，各种林木，种类颇多，红绿相间，枯润相杂，书法意趣浓厚；树姿高低直曲，变化丰富，布置得宜，聚散自然，故多而不繁，疏朗有致。

在树林的掩映下，长汀层叠，湖港纵横，村舍散处；高草芦苇，疏朗于湖岸；渔舟出没，渔夫村翁，劳作于其间；人们或举网，或撑篙，萧散平和，与世无争。画面的左方，还有羊群在自由地觅食，呈现出安详宁静的气氛。赵孟頫的这幅画，虽然画的是北方，却有江南水乡情趣。他画山峦，独创"荷叶皴"，使东面的山峰更见峻拔；房舍人畜、芦荻舟网则精描细点，再用青、赭、红、绿渲染，设色明丽清淡，风格古雅俊秀，创造性地将水墨山水与青绿山水融为一体。综观全图，水陆、林木、平原、两山、屋宇、人物，诸多景物都安排得错落有致，富有节奏感，显示了作者高度的概括能力。这幅画墨韵高古，画家将书法的技法带入画中，又博采晋、唐、北宋诸家之长，以气韵生动取胜，所以，获得了"有唐人之致而去其纤，有宋人之雄而去其犷"的盛誉。

这幅画以总体的写意代替了具体物象的写实，它除了保持一定物象特点外，还带有浓厚的文学意味和诗的情调，这显然与元代纷争的社会现实相去甚远，一定程度上反映了赵氏心中的理想世界。此画达到的这种境界与赵氏精深的文学才艺是分不开的，可以说，它开辟了文人画的先河。

此画后来曾归清代著名词人纳兰性德，后又进入宫廷，深为乾隆皇帝所喜爱。乾隆的书法诗作题字画数量当居世界第一，他几乎题遍古今名迹、金石木玉陶瓷。更有甚者，他喜欢各地周游，所到之处，往往会联想起相关的字画，然后根据现场情况题写诗词于字画之上。一次，他到山东济南巡视，看见鹊山与华不注山，马上想到赵孟頫的《鹊华秋色图》，立刻派快马数百里回紫禁城把图拿来实地研究，反复探讨，这才写下跋文。清帝逊位后，此画辗转流传，归于台湾。

除了山水画，赵孟頫还创作了大量的人物画、花鸟画、马兽画，都取得了非常高的艺术成就，传世的作品也很多，如《人骑图》（纸本，设色，

赵孟頫绘《人骑图》：北京故宫博物院藏。

纵30厘米，横52厘米，北京故宫博物院藏）、《秋郊饮马图》（绢本，设色，纵23.6厘米，横59厘米，北京故宫博物院藏）、《浴马图》（绢本，设色，纵28.5厘米，横154厘米，北京故宫博物院藏）、《红衣罗汉图》（纸本，设色，纵26厘米，横52厘米，辽宁省博物馆藏）、《洞庭东山图》（绢本，设色，纵61.9厘米，横27.6厘米，上海博物馆藏）、《江村鱼乐图》（绢本，设色，纵28.9厘米，横29.8厘米，美国克里夫兰美术馆藏）、《茅亭松籁图》（绢本，设色，纵26.3厘米，横27.8厘米，台北故宫博物院藏）、《吴兴清远图》（绢本，设色，纵24.9厘米，横88.5厘米，上海博物馆藏）、《秀石疏林图》（纸本，墨笔，纵27.5厘米，横62.8厘米，北京故宫博物院藏）、《疏林秀石图》（纸本，墨笔，纵54.1厘米，横28.3厘米，台北故宫博物院藏）、《兰石图》（纸本，墨笔，纵44.6厘米，横33.5厘米，上海博物馆藏）、《古木竹石图》（绢本，墨笔，纵108.2厘米，横48.8厘米，北京故宫博物院藏）、《墨竹图》（纸本，墨笔，纵34厘米，横108厘米，北京故宫博物院藏）、《幽篁戴胜图》（绢本，设色，纵25.4厘米，横36.1厘米，北京故宫博物院藏）、《牡丹图》（纸本，设色，纵31.1厘米，横23.6厘米，北京故宫博物院藏）、《二羊图》（纸本，墨笔，纵25.2厘米，横48.4厘米，美国华盛顿佛尔利美术馆藏）。这些画作无一不是佳作，无一不被著名博物馆收藏。

赵孟頫还提出了"作画贵有古意""云山为师""书画本来同"等口号，希望画家们向古人学习，苦练写实基本功与实践技巧，以书法入画、以画寄意。在中国绘画史上，赵孟頫是一个不可绕开的关键人物。多才多艺使他的绘画艺术几臻完美，他的成就也可称得

《二羊图》：元代赵孟頫绘。这是赵孟頫除马以外惟一绘有走兽的作品。画中一羊低头吃草，一羊昂首瞻望，周围不着背景。全图纯用水墨画出，却色彩斑斓。构图空疏，明显受到唐、宋画家的影响。

上是空前的。他是一代艺术大师。

　　他的友人高克恭、李仲宾，妻子管道昇，儿子赵雍都受到他的画艺影响。赵雍是赵孟頫次子，书画继承家学，擅长画山水、鞍马。他的代表作是《夹弹游骑图轴》，今为北京故宫博物院收藏。同时，赵孟頫的弟子唐棣、朱德润等，乃至元末黄公望、倪瓒等大画家都在不同程度上继承发扬了他的美学观点，使元代文人画久盛不衰，在中国绘画史上写下了绮丽奇特的篇章。

　　鉴于赵孟頫在美术与文化史上的成就，1987年，国际天文学会以赵孟頫的名字命名了水星环形山，以纪念他对人类文化史的贡献。散藏在日本、美国等地的赵孟頫书画墨迹，都被人们视作珍品妥善保存。他与爱妻管道昇在浙江德清的合葬墓也得到修复，并被列为当地的重点文物保护单位。一代宗师已走出国门，迈向了世界，将中华文化艺术的魅力洒向了全球。

《永乐大典》

明成祖朱棣：明成祖朱棣（1360—1424年），朱元璋第四子，建文元年（1399年）发动"靖难之役"夺取皇位，年号永乐。永乐十九年（1421年）迁都北京。在位22年，葬北京昌平明长陵。

《永乐大典》是我国古代编纂的一部大型类书，全书28877卷，目录60卷，共11095册，全书约3亿7千万字，是18世纪法国的狄德罗所编著名百科全书的12倍。它保存了我国上自先秦，下迄明初的各种典籍资料达8000余种，堪称中国古代最大的百科全书。《永乐大典》是中华民族珍贵的文化遗产，也是全人类的宝贵财富。

永乐是明朝开国皇帝朱元璋的第四子明成祖朱棣的年号。永乐元年（1403年），朱棣假借"靖难"之名，赶下了朱元璋长孙——建文帝，夺取政权，自立为帝，年号"永乐"，后将首都从南京迁移到北京，历史上称为"明成祖"，或"永乐帝"。因为从自己的侄子那里抢夺政权，所以，明成祖一直担心天下人对自己有看法。为了获得百姓与知识分子的认可，为了巩固政权，炫耀所谓的文治，朱棣命翰林院学士解缙、太子少保姚广孝为监修，编纂一部大型类书，用来系统地收集天下古今书籍，以便于查考。该书编纂之前，明成祖亲自定下纂修原则："凡书契以来经史子集、百家之书，至于天文、地志、阴阳、医卜、僧道、技艺之言，备辑为一书，毋厌浩繁。"纂修时又制定了剀切详明而便于操作的凡例。解缙等奉谕，组织147人，按照《洪武正韵》的韵目，"用韵以统字，用字以系事"，纲举目张，将自古以来至明初的各种典籍，一字不易，完全按原书整段、整篇乃至整部书编入相关事目之下。此书所依据的书籍多为宋元时期的珍本秘籍，而且多据宫廷内府的藏本，所以，即使是从文献学和版本学的角度衡量，《永乐大典》的精致与优秀也是不言而喻的。

第二年十一月，全书编纂完成，被赐名为《文献大成》。当时，朱棣粗略地审看了一下所编新书，觉得还存在着不太完备的地方。于是，他下令再次重修。解缙只好领命，重组编撰力量，在文渊阁开馆重修。这次参加的人有正总裁3人，副总裁25人，纂修347人，催纂5人，编写332人，看样57人，誊写1381人，续送教授10人，办事官吏20人，总共2180人。这还不包括先后从事编辑的3000余人。规模之大，令人惊叹。

　　永乐五年（1407年），这部大书才算编纂完成，姚广孝撰表上进，永乐皇帝朱棣审阅后十分满意，正式定名为《永乐大典》，并亲自撰写序言，称之为"旁搜博采，汇聚群书，著为奥典"。当时，永乐皇帝本有刊印《永乐大典》的想法，只是因为所需费用太大，朝廷无力支持才只得作罢。不过，他下令从全国各地征调一大批各色善于抄书的人，开始清抄，定下严格的质量检验规定并计日程功。按规定，所有《永乐大典》的内容全部用毛笔工楷书写而成，至1408年冬，《永乐大典》全书才抄写完毕。

　　《永乐大典》的装帧及用纸都极为讲究。因为是抄本，抄本用纸不同于印刷，纸薄了就会洇墨。所以，《永乐大典》选用上等白宣纸，纸张较厚，其厚度近100微米，全书10000余册用纸整齐划一，这在中国汉文书籍史中是空前绝后的。此外，《永乐大典》的装帧格式也非常统一，每册书长50.3厘米，宽30厘米，厚2厘米左右，万余册书总体积约合40立方米左右。每册书约30—50页不等，大致每二卷一册，也有一卷或三卷为一册的，这在世界书籍装帧史上也不失为一绝。板框为手工描制，红色，高35.7厘米，宽23.4厘米。《大典》书品宽大，板框距书背6.5厘米。中间距书背3厘米左右钉纸捻4个，距天地5—5.5厘米，各纸捻之间相距19—21厘米。每页又印有朱丝栏，每半页8行，大字占一行，注文等小字双行，每行28字。全书都用正楷抄写，纸墨微发古香。其书中，凡器物、山川、城池等绘有图形，全用白描手法，极为精致。征引书目、圈点及版心均为朱色，非常醒目。全书为包背装，书面硬裱，用粗黄布连脑包过，别具一格。

　　永乐十九年（1421年），北京紫禁城建成，朱棣迁都北京，大概就在这个时期，《永乐大典》随之运到了北京，以后长期贮藏在宫城内的文楼。而《永乐大典》原稿则存放在南京文渊阁，明代中期毁于火。100多年过去了，嘉靖三十六年（1557年）某日宫中失火，紫禁城三大殿都被大火烧毁，火势危及贮藏《永乐大典》的文楼。嘉靖皇帝可是个好古礼文的皇帝，对《永乐大典》更是宝贝儿一样地殊爱着。时不时地，他还放上一二卷在自己的书几、案头以供翻阅。闻听宫中起火，将及文楼，嘉靖皇帝一夜之间连颁三道谕旨抢救《永乐大典》。火灾过去了，文楼未毁，《永乐大典》完好无损。但是，提心吊胆的嘉靖皇帝却从此萌生了一个新的念头。他想将《永乐大典》再抄一部副本另外保存，以防不测之虞。

嘉靖四十一年（1562年）秋天，嘉靖皇帝任命徐阶、高拱、张居正等人校理缮写《永乐大典》副本。其中，高拱、瞿景淳为总校官，张居正等10人为分校官，礼、吏二部特地主持"糊名考试"。整个《大典》的抄录工作组织严密，井然有序。先由校官物色善书儒生凡109人，分为10馆，严格按照永乐正本的册式行款摹写，每人每天按规定誊抄3页。每馆专设催纂收掌各2员。规章制度十分严密，誊写人员早入晚出，不得将《大典》私自携出，更不能雇人代写。每日必须查验，如果发现差错，立即发还重写，并不拘泥重写的次数，直到完全正确为止。每册后须注明总校、分校、抄写、圈点人员姓名，以分清责任。《大典》抄录副本还必须无任何挖补、涂改痕迹。全部重录工作花了整整6年时间，于隆庆元年（1567年）四月才彻底完成。这创造了我国书籍编纂史上的一大奇迹。新抄副本也是《永乐大典》唯一的副本。副本抄录完毕之后，先是存放在新落成的皇史宬，到清朝雍正年间，又移贮到天安门以南的翰林院。

嘉靖副本与永乐正本格式、装帧完全一致，质量也丝毫不亚于正本，堪称尽善尽美。

正本仍被存放在文楼。而无论《永乐大典》稿本、正本，还是副本，与历朝内府藏本一样，一直藏在皇宫内院，一般人根本无缘得见。《大典》正本修成后，只有嗜书的明孝宗曾检阅过《大典》，并曾命从《大典》中抄药方赐存太医院。此外，未见关于阅读刊用《大典》的记载。《大典》正本及其清抄前稿本的下落一直以来，就是一个难解之谜。一般的观点认为，正本可能毁于明清之际的战火，原藏南京文渊阁的稿本极有可能毁于正统十四年（1449年）的宫中火灾，而移藏北京的正本则毁于明末李自成撤出北京前的纵火焚烧之中。也有人提出正本殉葬在永陵之中，以大约40立方米"庞然大物"殉葬，似乎不太可能。

《永乐大典》原稿、正本都已亡佚，这确是我国文化史上的巨大损失。其实，《大典》纂修清抄完成后不久，就有臣僚建议刊刻，可惜建议没有被采纳。明万历二十二年（1594年），更有南京国子祭酒陆可教上疏建议，分别颁给巡方御史各一种，让他们就出巡的时机带到各地分批刊印，这样，就可以利用地方财力，化整为零地刊行《大典》了。这个方案切实可行，但是，这一颇具远见卓识的提议被当权者以"工费浩繁"而否决。如果此方案不被否决，《大典》也许就不至于被彻底焚毁，也可以很好地保存到今天。

然而，正本、稿本的散失并不意味着《永乐大典》的厄运就已经结束。这部大典从出生开始，一直就与厄运相伴。《大典》的副本后来也逐渐地散失了。

清康熙（1662—1722年）年间，徐乾学等人已发现皇史宬里的《永乐大典》嘉靖副本（抄本）并非完整的一套。到了雍正时期，《大典》被转移到翰林院敬一亭。当时，著名学者李绂、全祖望等曾查阅、利用过《大典》，也发现存在残缺。乾隆三十七年（1772年），清高宗诏修四库全书，准备从《大典》中搜集佚书，就对《大典》进行全面清点，不料，发现《大典》已佚失1100余册，共2422卷。今天，当时的清点底册仍然存在，足以为证。当时，人们就已怀疑康熙年间开局修书时，徐乾学、王鸿绪、高士奇等总裁官可能私自挟带有《大典》出去，乾隆还曾下令两江总督高晋、浙江巡抚三宝派人到徐、王、高几家查问，并特别指出如果将《大典》完璧归赵，就不会追究私藏官物罪责。此外，官府还曾明察暗访，但都没有发现任何的蛛丝马迹。此事也只好不了了之。可以说，在明清易代之际，《大典》副本已经残缺了10.56%。

乾隆开《四库全书》馆时，对《大典》的保管、提调比较重视。乾隆曾严令禁止馆臣携书外出，犹如今天的读者只能在各大图书馆善本室在馆阅读而不能带出一样。说起来，这项规定还得感谢盗书贼。那是乾隆三十九年（1774年）发生的一起《大典》失而复得的事件。当时，馆臣黄寿龄私携6册《大典》回家阅读，不慎被窃。乾隆闻讯，大为震怒，下令步军统领等严缉

《永乐大典》：《永乐大典》残本约400册散落在8个国家和地区。

国宝的故事◆

157

盗贼，限期破案。这样一来，书铺和废纸收购处顾忌到追查，也不敢收购，窃书贼根本无法将书脱手，只好在夜间将书放回御河桥畔。这几卷书这才失而复得。最后，乾隆罚黄寿龄三年俸禄，以表示对这"人间绝无仅有之书"——《大典》的爱惜与重视。但是四库开馆使《大典》的珍贵价值广为人知，觊觎它的人越来越多。

之后，嘉庆年间也曾利用过《大典》，《大典》的保存似乎还不错。道光以后，由于翰苑词臣及负责保管官吏的监守自盗等原因，《大典》以惊人的速度亡佚。到了光绪元年（1875年）重修翰林院时，《大典》仅存不足5000册。朝廷即使严刑逼问馆人，甚至致人毙命也无法查明失书的原因。官员们偷盗的手段非常机巧。他们早晨入院时，随身携带包一件绵马褂的包袱，大小约与两本《大典》相似，晚上出院，再将绵马褂穿身上，用包袱包上两本《大典》盗出，看守的自然毫不起疑。了解书的价值的人，也多是读书的人，甚至是只有学问极高的人才真正知道什么书最有价值。这样一来，读书人偷书似乎就不足为怪了。

即使只剩下这么不足半数的残本，《永乐大典》仍然没有逃离厄运一次又一次的打击。咸丰十年（1860年），英法联军入侵北京，皇家园林的杰作圆明园被付之一炬。同时，《四库全书》文渊阁本和《永乐大典》副本也惨遭劫掠和焚毁。英军劫走的《大典》

皇史宬大库殿：位于北京东城区南池子大街。

非常之多，以致黄公度出使欧洲，国内文人相送之时，特意让他留意寻访，亟盼《大典》散本能够重返故国。这次兵燹应是《大典》一个世纪以来，从近万册锐减至半数的主要原因。至光绪二十年（1894年）它已只剩800余册，不足原数的十分之一。

光绪二十六年（1900年）八国联军的入侵，导致了《大典》的另一场浩劫。当时翰林院在东交民巷，与使馆区毗邻，是主战场之一。贮藏《大典》的敬一亭被毁，国宝《大典》甚至被愚昧的侵略军兵士当作砖块替代物，用来构筑工事和铺路，惨遭肆意践踏、毁弃和劫掠。八国联军走后，清译学馆官员刘可毅就曾在入侵联军的马槽下拾到《大典》数十册。当然，也有一些贪婪的外国人深知《大典》的价值。他们趁火打劫，恣意拣选，抱之而奔。国家不幸，国宝不幸，国宝与国家的命运总是如此的紧密相关。当时，有一个英人莫里逊，就劫得《大典》6册，独立创办莫里逊文库，他死后，日本东洋文库从他妻手中接收了这6册《大典》，以之作为镇库之宝。后又千方百计从中国人手中收购到《大典》数十册，成为海外收藏《大典》册数最多的单位。

经此一乱后，《大典》副本在清末时仅存60册，已名存实亡。目前，海内外公私所藏《大典》约有800余卷，400册左右，存世者不足嘉靖副本的4%，国宝流失与沦丧，这是中国知识分子心中永远无法泯灭的痛。自清末开始，我国就一直在探寻这部伟大著作散失的踪迹。国家图书馆从1912年第一批《永乐大典》入藏到现在，已拥有221册，超过全球藏量的半数，居各处收藏的首位，这221册也是国家图书馆的四大珍藏之一。

据统计，近年来世界各地陆续发现有《永乐大典》残本，目前，大约400册《永乐大典》残本散落在8个国家的30多个单位。其中美国、日本和英国是收藏大户。美国包括国会图书馆、哈佛大学图书馆、康奈尔

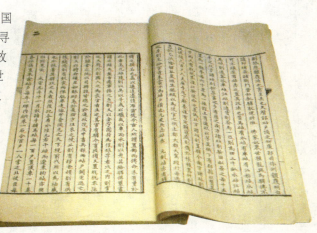

明《永乐大典》传抄本关于"站赤"的记载：中国国家图书馆藏。

国 宝 的 故 事 ◆

大学图书馆和波士顿图书馆均有收藏，日本则有国会图书馆等8个单位和3个个人收藏。英国则有英国博物馆、牛津大学图书馆等进行收藏。而我国内地除国家图书馆外，目前只发现上海图书馆、四川大学博物馆有残本收藏。

今天，这些劫后余下的宝物都留有明显的历史伤疤。存世的《永乐大典》书页上多有焚余的痕迹，有的《永乐大典》书页上多有水渍，估计是当年灭火时所致。还有的是人为的撕裂，更有甚者，竟然把书页中心部分剪作了鞋样。看到这些伤疤，想到那些明火执仗抢劫、毁坏的侵略者，想到那些明知《大典》价值，仍苦心偷盗的四库馆臣，想到那些为了些许钱财，而将国宝卖出国外的文物贩子，真不知道是历史有意的捉弄，还是上天在惩罚人类在知识和道德上的欠缺。

往者不可追，专家和学者们非常重视现有《大典》残卷的开发与利用。国家图书馆从2001年12月开始，已用特制宣纸套色印刷，原大仿真分批出版现存于世的《永乐大典》。同时，他们也呼吁世界各地藏书机构、收藏家群策群力，共襄盛举，拿出《永乐大典》原书，提供拍照、再版之用，使这一文化遗产重现于世，垂之永久。

金冠

　　1958年，北京昌平明定陵的地宫被打开，出土了大量的文物，其中，最为突出的是一顶金色的皇冠。这是我国首次发现皇冠实物，也是我国目前唯一的一件皇冠实物，在世界上也极为罕见。

　　这皇冠的名字本叫"翼善冠"。它有着一定的来历。根据明朝的典籍，当时的明朝皇帝常服中就有皇冠一项。永乐三年以后，才定下来皇冠的定式，即以乌纱帽的样式作为主体样式，只是将乌纱帽的两个角折而向上。因为这种皇冠与圆顶乌纱帽基本相似，最大的区别在于它将左右角折起向上，像翅膀一样，竖于纱帽之后，所以，也被称作"翼善冠"。这顶皇冠薄如蝉翼，轻似纱冠，造型别致，工艺精致，装饰精美而华贵。它通体用纯金细线织成，细线细如发丝，直径仅为0.2毫米。编织的孔眼均匀，并无接头破绽，光艳夺目，堪称明代金钿工艺的杰作。皇冠用金一斤六两有余，因为全部用黄金织成，所以，又被称为金冠。

　　金冠通高24厘米，系由前屋、后山、两角（俗称"纱帽翅"）三部分组成。前屋呈半圆形网状冠体，下有金口，略呈椭圆形，口径20.5厘米，共用细金线518根；后山用细金线334根，高耸在前屋的后部，上面镶嵌着立体的二龙戏珠，也是用金丝编缀而成。龙首在正面，圆圆的眼睛，长长的触角，龙身则用粗金丝作为主骨，屈曲盘绕。整个工艺精致到可以清楚地看到龙身的鳞甲，并一片一片地数出8400片龙鳞。龙的四足也有伸有屈，形态生动，气势灵活，配以全龙张牙舞爪的形状，呈现给人一副雄健的姿态。两角最高，左右对称，系用70多根金丝编成，细薄如纱，粘贴在后山背后。冠顶则镶嵌着食指大小的猫眼石，猫眼石光芒四射。金冠在制作上大量采用搓金丝、掐丝、编织、填丝、垒丝、錾刻、焊接等工艺方式，充分展示

■ 明万历皇帝的金翼善冠：明定陵出土，中国国家博物馆藏。

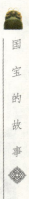

了皇家金银细工复杂高超的技术水平。

金冠现藏于中国国家博物馆，它的主人则是300多年前的明朝的万历皇帝朱翊钧。他同时也是整个定陵的墓主。就是这个朱翊钧，以及他所葬的定陵，引生了无数的故事与传说。

定陵属于明十三陵之一。十三陵是在明成祖朱棣的发起下修建的明代皇帝陵寝建筑群。朱棣定都北京以后，不希望自己随从其父朱元璋将陵墓建于南京，于是，他就近选址，在今北京昌平地区定下了新的皇陵地址。其后，历代明朝皇帝的陵墓都建在该地。诸帝陵寝共有13座，所以，被称为十三陵。十三陵是世界上占地面积最大的皇家陵园。

定陵位于大峪山东麓，是明神宗朱翊钧和他的两位皇后合葬的陵寝。神宗皇帝是明代享国最久的帝王，也是典型的荒淫怠惰之君。朱翊钧亲政后，随即加害首辅及其恩师，终日淫居后宫，与妃嫔饮酒作乐，过着荒淫糜烂的生活，朝廷之事从不过问。唯一让他上心的事，就是他的陵墓建设。那时，他已开始为自己筹建陵墓，并因选陵而引发了大峪山风水之争。

当初，神宗朱翊钧曾亲自带领许多占卜师、风水先生借拜祖陵之机亲自察看地形，为自己选择上好的陵寝地址。观察之后，神宗对此前选地不太满意，于是，

定陵博物馆：定陵博物馆是以明十三陵之定陵而营建的遗址性专题博物馆。

专门派遣风水先生进入天寿山选陵，得到两处吉地：一为形龙山，另一处为大峪山，两处都可谓尽善尽美，毫无可议。神宗亲自审视了形龙山、大峪山两个地方。当他登上形龙山时，忽然之间，风沙四起，黑云滚滚，转登大峪山，则顿觉风和日丽，天暖气清。这样一来，他就选定了大峪山。后来，尽管陵寝动工中，挖出了大如屏风的巨石，他还是定下大峪山。陵墓的建设自然耗费大量的人力、物力，定陵地宫建成后，朱翊钧还带着一大群后妃和文武大臣前去查看。

入清以后，明十三陵都遭到过不同程度的破坏，明定陵的地面建筑经过多次大火后，也仅存残迹，定陵地宫东南面的定陵村，也被烧得一干二净，只剩下村口的半截柱子，定陵村如今成为一片荒林。

今天的定陵，最著名之处便是它的地下宫殿，因为这是十三陵中13座宝顶下唯一被打开的皇帝陵墓，由它可以窥探十三陵地宫的全貌。而打开定陵地下宫殿，可以说是中华人民共和国成立后发生在十三陵的最大的一件事情，也是中华人民共和国成立后中国考古事业中的一件大事。

汉白玉宝座：定陵地宫内。

定陵地宫的打开还得上溯到上世纪50年代。1955年10月由吴晗、郭沫若、范文澜、邓拓、沈雁冰等人联名上书国务院，建议发掘明皇室陵墓，以揭开帝王墓葬的秘密。学者及专家们开始希望打开的并不是定陵，而是十三陵中规模最大的长陵——明成祖朱棣的陵寝。所以，建议被批准后，他们就成立了长陵发掘委员会，然而，对长陵的调查一开始就陷入了困境，考古工作者怎么也找不到长陵地宫的入口线索。一年后，发掘委员会决定先挖一个小的陵，等有经验后再挖长陵，于是发掘的目标转向献陵。献陵陵园规模较小，离长陵距离也最近，但是，他们仍然没有找到献陵地宫入口的蛛丝马迹。经研究，他们这才决定将发掘目标转向定陵。考古工作队来到定陵后，发现在离地面3米多高的城墙上方，有几块城砖塌陷下来，露出一个直径约半米的圆

国宝的故事

洞！经观察，这个洞口正是地宫的入口。

1956年5月定陵的开掘工作正式开始。挖掘工作开始进行得非常顺利。考古工作者依照探沟法，先挖沟，再顺次深入，不久，宝城内侧暴露出来刻有"隧道门"三字的，专家们一致认为这就是地下玄宫隧道的入口。果然，10多天后，他们便挖到了通向皇陵的第一条隧道——砖隧道。接着，又发现了一块小石碑。该碑长一尺许，宽约半尺，上刻有：此石至金刚墙前十六丈深三丈五尺。这块小石碑可谓打开定陵地下玄宫的钥匙，它清楚地告诉大家地宫的坐标。金刚墙是地宫的防护墙，墙后便是地下玄宫，可以说找到了金刚墙，就是找到了地宫。1957年5月19日，金刚墙终于出现了，此时，离开始挖掘正好是一周年，这真是个奇妙的巧合。

定陵地宫内的棺床：定陵是明朝第十三位皇帝神宗朱翊钧及两位皇后的合葬陵。

金刚墙拆除了，地下玄宫打开了，里面并没有暗箭、乱石之类射出，也没有什么暗藏的机关。地宫门是由两块巨大的汉白玉做成的，高3.3米、宽1.7米，历经300多年仍晶莹似玉，洁白如雪。

定陵地下宫殿规模宏伟，晶莹富丽，古朴典雅，工艺卓绝，历经300余年却片石无毁，坚固异常。定陵地下玄宫距宝顶23米，总面积达1195平方米，是我国已知帝后陵寝中较大的一座。其由前、中、后殿和左右配殿五殿构成的体例与宫殿形制基本相似。地下宫殿平面布局分前、中、后三大殿，象征皇宫内廷中的乾清宫、交泰殿、坤宁宫。中殿两侧有左右配殿，按币形分布，配殿似乎象征分处两翼的东、西六宫，但是，两侧配殿专为何人设置，却仍是不解之谜。

定陵的前、中两殿呈纵向长方形，各高7.2米、宽6米，共长58米，给人以深邃之感。后殿为玄宫主体，高9.5米、宽9.1米、长30.1米，在诸殿之中面积最大，显得宽敞堂皇，体现大明皇帝在阴间九重深宫中的威严。玄宫中五个殿堂之间有双扇石门相隔，全部用汉白玉石构筑门券。前殿与左右殿还各有一座石门通向隧道券，券外有金刚墙封住入口。定陵地下玄宫全部是石结构，采用双曲拱券形式，实为一座无梁柱的石质宝殿。

定陵地宫中陈放着明神宗朱翊钧和他两个皇后的棺椁。两个皇后分别为孝端皇后和孝靖皇后。

整个定陵地下官殿的挖掘，取得了巨大的成果，出土了价值连城的各类文物。定陵共出土文物3000件，文物种类有金银器皿、玉器、瓷器、纺织品等。除了万历帝朱翊钧的金冠外，还出土了四顶皇后凤冠。孝端皇后的一顶上有三龙两凤，龙是金制，龙口衔珠宝，左右两龙各衔长串珠结，凤口衔珠滴，凤上满饰翠云。凤冠里面是用漆竹丝做的圆锥，边缘上镶着金制口圈。另三顶是十二龙九凤冠、九龙九凤冠、六龙三凤冠。其中，六龙三凤冠最为精美。六条用金丝编织的龙雄踞于凤冠上，昂首欲腾；三只用翠鸟羽毛粘贴的凤屈居于下，展翅若飞。龙、凤均口衔珠宝串饰，在满饰大小不同的用珍珠宝石缀编的牡丹花和点翠的如意云，及花树之间穿行遨游。凤冠后的六扇博鬓，左右分开，就像五彩缤纷展开的凤尾。这个凤冠珠光宝气，富丽堂皇，共有红、蓝宝石128块，珍珠5400多颗，重2905克。据记载，明永乐三年定制皇后礼服，其冠九龙四凤，而定陵出土的凤冠龙凤数量与史料记载不同，这对研究明代典章制度很有价值。此外还有百子衣等各种织物。这些都反映出明代手工艺的高超技艺。

2003年，包括定陵在内的整个十三陵都被联合国教科文组织列入世界遗产名录。

明万历年间孝靖太后王氏的凤冠：1957年北京定陵出土，中国国家博物馆藏。

国宝的故事

165

《康熙南巡图》

《康熙南巡图》为绢本设色，纵67.8厘米，每卷长约七八丈，共有12卷，总长近百丈，约合300米，是中国现存最长的长卷。这幅最长的画卷作于1691年，由清代著名画家王翚主绘。全画主要描绘了康熙皇帝六下江南的故事。画面从京城永定门开篇，至浙江绍兴大禹庙，再经金陵城返京。康熙六下江南并不像戏文或者电视剧里所表现的那样，仅仅是为了赏风逐月，康熙自有其深刻的政治目的。

清军入关时，曾因民族关系，与中原汉人发生过激烈的冲突，又因落后的生产观念，所以，也给中国内地的生产带来了一定的破坏。康熙年间，由于当时清朝政府调整了政策，采取了一些措施，因而使遭受战争破坏的农、商、工各业，逐渐得到恢复和发展，社会进入相对安定的局面。

康熙皇帝玄烨为了进一步缓和满、汉民族之间的矛盾和统治者与百姓之间的矛盾，尤其是为了笼络江南的士大夫阶级，就于康熙二十三年至四十六年（1684—1707年）的24年之间，先后6次到东南一带

清康熙皇帝坐像：康熙帝（1654—1722年），顺治帝第三子，清朝入关后第二位皇帝。8岁即位，在位61年。在位期间，智擒鳌拜、剿撤三藩、南收台湾、北拒沙俄、西征噶尔丹、治理黄河，开启康乾盛世。

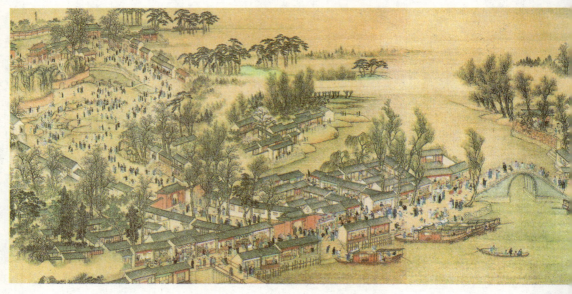

南巡。他从北京出发，由山东入江苏，渡江而南到苏州、南京、杭州，最远则渡过了钱塘江，到达古代的会稽——绍兴。江南一带山清水秀、物阜民丰、人文荟萃，令这位祖籍在东北黑土地，生长在燕山脚下的满族皇帝大开眼界，他决定将自己这个所谓的"南巡盛典"记录下来，当然，这样做也是为了显示他所开启的"康乾盛世"的宏大气派，将他的功业标榜画册，流传青史。于是，在第一次南巡之后，康熙就下令在全国范围内的平民百姓中，征求并选拔绘画能手来绘制《南巡图》。这就是《康熙南巡图》的由来。

《康熙南巡图》规模巨大，绘制起来具有一定的难度。在康熙首次南巡后的第三年，著名画家王翚得到御史宋骏业、老师王时敏及其孙子户部左侍郎王原祁，以及词人纳兰性德、刑部侍郎徐乾学等人的推荐，于60岁花甲之年带着学生杨晋，到北京担任侍诏，主持《康熙南巡图》的集体绘制工作。

王翚，生于1632年，死于1717年，字石谷，号耕烟散人，又称乌自由人、剑门樵客；《康熙南巡图》完成后，颇为康熙所称赏，康熙皇帝又赐书"山水清晖"四字，所以又称"清晖老人"。

王翚从小喜欢绘画。他早先曾亲得太仓"二王"（王时敏、王鉴）的指授与推许，经常博览大江南北的

《康熙南巡图》（局部）：清代王翚作。此画面反映了京杭大运河上的蒋旎风光，如旅游胜地虎丘（左侧）、桑塘山庄（中间），以及一群江湖艺人在船上表演；临街有许多店肆，有儿童玩具、茶具、盆景等商品，品种齐全。其中还有3位中亚商人。这幅长达20米的巨画是王翚受命为纪念康熙皇帝1698年南巡而作的。它生动逼真地反映了17世纪中国的社会生活。

国宝的故事

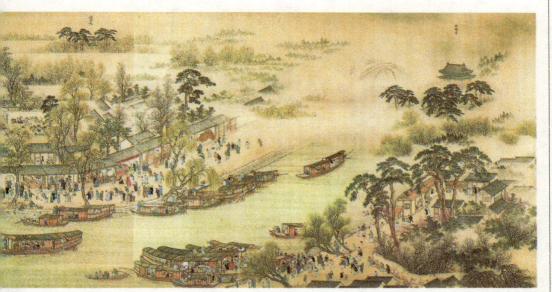

秘本精藏，对于古人作品，下苦功临摹，力追董源、巨然，醉心范宽，对王蒙、黄公望的山水画法取法最多，对沈周、文征明、董其昌的山水也很有悟解。因此，他的绘画有很浑厚的传统功底，但是，他又不一味地依从古人，他在古人的基础上自出新意，最终形成自家风范。因为绘画的实绩，王翚在清代画坛上占有很重要的地位。中国画史上将他和王时敏、王鉴、王原祁合称"四王"，再加上恽寿平、吴历又称"四王吴恽"，或者"清六家"。

他的传世作品很多，如《千岩万壑图》《溪山红树图》《断崖云气图》《石泉试茗图》《夏木垂荫图》以及《唐人诗意图》等，都汲取了各个名家的精华，具有古雅清丽的特色。在他所有的作品中，这幅《康熙南巡图》无疑是最有影响的。

在绘制《康熙南巡图》之前，先得绘出草图。草图的绘制也由王翚主笔。画家们共画了12卷草图，呈给康熙过目。

这幅草图也是纸本设色，内容与正本大致相仿，略有些差异，尺寸比正本略小些。草图经过康熙御览审定后，一直由宋骏业家族保存着。宋当时官任兵部左侍郎，因为善于书画而担当了主持《康熙南巡图》绘制事务的重任。宋骏业认为这幅草图汇集了当年各路名手的优长，不是寻常草图可以比拟的，因此，他叮嘱宋氏子孙要严格地保守着它，世世代代永传为宝。宋氏家族遵循祖训，历经沧桑而将此卷保存下来。后来宋氏后人、中国工程院院士、中国林业科学院博士宋湛谦教授受其父辈宋鸿铿先生等的委托，将宋氏家族珍藏了200多年的这幅粉本草图捐赠给南京博物院。

《康熙南巡图》草图通过后，画家们便开始了绘制。全图树石的绘制出自王翚之手，而图中的人物、动物、屋宇等则由杨晋和其他画家合力绘成。12卷巨制的《康熙南巡图》，经过王翚、杨晋等众多画家的努力，历时六年才告完成。这幅《康熙南巡图》以写实记叙画法，描绘了康熙皇帝即位后第二次南巡的全部过程，首尾相接，每卷画中康熙皇帝的形象出现一次。

第一卷，绢本设色，纵67.8厘米，横1555厘米，描绘康熙二十八（1689年）年正月初八，从京师出发

的情景。车驾从北京外城的永定门到京郊的南苑，画面开始即为永定门。康熙一行已经出城，送行的文武官员，站在护城河岸边。浩浩荡荡的队伍在大路上行进，玄烨高坐在一匹白马之上，由武装侍卫前呼后拥，沿途路旁还伴有舆车及大象。

　　第三卷也是绢本设色，描绘了康熙南巡至山东境内的情景。画面开始为丘陵地带，一座城池出现在众山环抱之中，应该是济南府。康熙正站在城墙上检阅，身后若干随从紧紧跟随；济南城门大开，南巡的先行骑兵已从城里出发，进入绵延的山丘之间。

　　第九卷，绢本设色，纵67.8厘米，横2227.5厘米。图中康熙一行已经从浙江杭州出发，渡钱塘江，经萧山县，抵达绍兴府大禹陵。画面一开始即为钱塘江，江面风平浪静，康熙乘坐的龙舟在许多小船的簇拥下，驶抵对岸，无数民夫正肩扛人搬或用车将船中装载的物品运到岸上。康熙随行还有大量马匹。再往前行，有一城门，门洞结彩，那是西关，关里是一小镇，为西兴驿。沿途村民行旅不断，一河直过萧山县城。

　　第十卷，绢本设色，纵67.8厘米，横2559.5厘米。描绘康熙一行从浙江北返过江苏句容至江宁府（今南京）的情景。画面开始为句容县，过大平庄秣陵关至江宁通济门，沿途一派江南农村的湖光山色。一进通济门，皇帝所要经过的主要街道都搭有长达数十里的彩棚。画面上的江宁为江南繁华之地，商业发达，街道纵横，房屋鳞次栉比，秦淮河缓缓流过。

　　第十一卷，绢本设色，纵67.8厘米，横2313.5厘

《康熙南巡图》第一卷（局部）：该画以皇帝活动为中心，展示了各地的民情风貌。

国宝的故事

米。此卷始于江宁府的报恩寺，经水西门及旱西门，画面出现了有名的秦淮河，河中舟船往来，跟随康熙的官员正在登船。

第十二卷，绢本设色。这一卷描绘康熙一行结束南巡，回到京师的情景。从紫禁城太和殿、太和门开始，向南过金水桥，出午门。午门外两边各列大象五头，仪仗严整，一直排列到端门。端门五个洞城门大开，门外即康熙出巡归来的先行侍卫。他们跨马排成两行，拉开距离，穿越正阳门、大清门缓缓而来，天安门外有车轿和象，分列左右。在正阳门外大街牌楼南，康熙皇帝乘坐在八个人抬的肩舆上，以华盖为前导，武装骑士护卫，缓缓返回皇宫。

康熙御令制作《康熙南巡图》本有歌颂他平定吴三桂等三藩叛乱、统一台湾、打败沙俄侵略，以及统一全国、经济发展繁荣的意思，实际上，《康熙南巡图》也客观地反映了当时的一些风土人情，地方风貌及经济文化景象，从侧面反映了当时的社会生活和人民生产劳动。此画还继承了我国长卷风俗画历史的传统，吸取了《清明上河图》等优秀作品的精华，在形式与内容的统一方面都有所突破。它的出现又开《乾隆南巡图》、《姑苏繁华图》等作品的先河。

遗憾的是，这幅鸿篇巨制仍然难以逃脱散佚的厄运。此画卷的第一、九、十、十一、十二卷，今为北京故宫博物院藏；第三卷，为美国纽约大都会艺术博物馆藏；第七卷，为丹麦私人收藏；其余各卷则下落不明。

《三希堂法帖》

清政权虽然通过八旗军征服了整个华夏大地，但在文化上，他们仍然比较落后，尽管如此，入关之始，他们并未立即接受内地久已存在的文化传统与价值观念。直到康熙时期，清政权才比较全面地融入内地的儒家文化社会。康熙、乾隆都是中国传统文化、艺术的崇尚者。尤其是乾隆，传统的诗词书画，他似乎都很有兴趣。他是一个具有较深汉儒文化修养的人。说来非常有意思，中国古代尽管出现了大量的诗人词手，但是，如果按流传下来的诗歌数量计算，作诗最多的诗人竟然是乾隆这个满人。

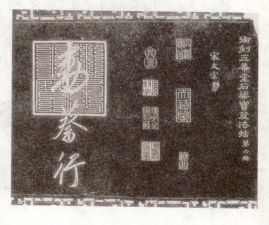

乾隆不仅能诗，而且也能书，今天，全国各地仍然留存许多他的"墨宝"。他是一位顶级的书法爱好者，日理万机之余，不忘潜心临池，遍习诸家，所以，他的书法温润妍媚，闲雅有致，在历代帝王中实属上品。乾隆又好搜集前代著名书法家的墨迹、书帖。明朝灭亡之后，许多原藏明代王宫皇馆的名帖散流于民间，至清代康熙年间，朝廷便已多次下诏搜寻讨取，乾隆在位时，更加着意这件事情。在他刻意地收罗下，不少历代名家墨宝、珍品被呈送给清廷宫廷，成为皇家御品。其中最为珍贵者，属晋代至清中叶流传近1500年的书圣王羲之的《快雪时晴帖》，及王献之的《中秋帖》，王珣的《伯远帖》。王羲之、王献之父子，以及晋人的书法是乾隆皇帝的最爱。对他们的作品，他心追手摹，用力最多。得到这几件书帖让他兴奋不已，他对它们也极为宝爱。为了这几件稀世珍宝，他专门在故宫养心殿内设立了一个小型私人书法收藏厅，名之曰"三希堂"。

除了刻意搜求历代书法名品，乾隆还非常重视刻印书帖，将各种书帖排版印刷，并遍赐群臣。得到了上述三件稀世书帖后，他更是希望能够让天下书法爱好者都能有所睹览。于是，在乾隆十二年（1747年），他又敕命吏部尚书梁诗正、户部尚书蒋溥等人，将内

《三希堂法帖》：共收集魏、晋至明末135人的作品，并各家题跋200余条，分为32册，刻石500块。

国宝的故事

171

故宫养心殿三希堂：三希堂是清乾隆帝的书房。"三希"即"士希贤，贤希圣，圣希天"，士人希望成为贤人，贤人希望成为圣人，圣人希望成为知天之人，也就是鼓励自己不懈追求、勤奋自勉。

府所藏历代书法作品，选择精要之作，由宋璋、扣住、二格、焦林等人镌刻成上石，再翻印成法帖。法帖共分32册，刻石500余块，收集自魏、晋至明代末年共135位书法家的书法作品，因帖中收有被当时乾隆视为3件稀世墨宝的王羲之的《快雪时晴帖》、王献之的《中秋帖》和王珣的《伯远帖》，珍藏这3件稀世珍宝的地方又被称为三希堂，所以，法帖被乾隆亲自命名为《三希堂法帖》。乾隆的特谕，也刻于《三希堂法帖》卷首。

由于《三希堂法帖》全部系墨迹上石，刻工精细，所以深为后人所推崇。法帖原刻石存于今北京北海公园阅古楼。阅古楼位于公园白塔西北侧，是两层楼宇建筑，上下各25间，左右环抱成半月形。《三希堂法帖》的石刻版就嵌在阅古楼墙壁之间，"三希"原帖仍藏当时故宫养心殿三希堂内。道光时曾对石刻版进行了一次修剔，并增刻了花边。

《三希堂法帖》是我国古代规模最大的一部丛帖。在古代，由于印刷技术的落后，加上书写在纸上的法书极不容易保存，所以，优秀的书法作品往往很难广泛流传。北宋初年，宋太宗赵光义曾命大臣将宫内所藏历代法书汇刻为《淳化阁帖》，这是大规模刻帖的开始。以后皇家和私人也有不少丛帖问世，这些丛帖极大地促进了书法的普及与发展。如果仅以规模而论，《三希堂法帖》无疑是各种丛帖中规模最大的，可以说它汇集历代丛帖之大成。此帖所收作品最多，并分楷、行、草三种书体收录。还收有历代名家、收藏家的题跋200多件，收藏印章1600多方。法帖所收的作品完全按照历史顺序编排，几乎囊括了当时清廷所能收集到的所有历代名家的法书墨迹精品。它所收入的书法家，历来都是书法爱好者临摹、学习的榜样，如王羲之、王献之父子、欧阳询、褚遂良、颜真卿、孙过庭、怀素、柳公权、杨凝式、李建中、苏轼、黄庭坚、米芾、蔡襄、宋徽宗、宋高宗、吴踞、赵孟頫、鲜于枢等等。由于是皇家刻石，皇帝特谕刻制，主持刻制工作的梁诗正等又是当时的书法名家，所以，《三希堂法帖》的挑选非常谨慎。《三希堂法帖》刻印上石之后，广泛流传，成为海内书法爱好者向往和抢购的对象。但刻石拓印本本身有很大的局限性。首先是视觉上不舒服，黑乎乎一片。其次，不论刻石水平有多高，和原墨迹相比，神采上总有差距，总要差上一大截。练习者很难从拓本上体悟到原法书的气度、神韵。这不仅是《三希堂法帖》，也是所有石刻法帖的共同缺憾。

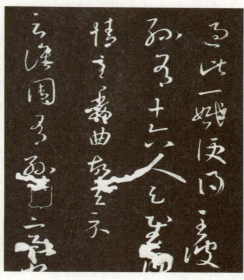

《三希堂法帖》刻成后，乾隆二十年(1755年)，乾隆又命蒋溥、汪由敦、嵇璜、裘曰修、于敏中等编次《墨妙轩法帖》4卷，以为《三希堂法帖》之续，款式与《三希堂法帖》相同，收集自唐褚遂良以下的诸家书法作品30余种，由焦国泰镌刻。帖石嵌在万寿山的惠山园墨妙轩两壁。原石现已佚失。

乾隆二十六年（1761年），乾隆又将自己所写的诗和经书，以及临摹古代书家名迹摹勒上名，刻成《敬胜斋法帖》，共40卷。原石现嵌在故宫乐寿堂、颐和轩两廊。乾隆还命内廷诸臣将张照所书御制诗文和临摹的名人墨迹，编辑摹刻成《天瓶斋法帖》10卷；为汪由敦编次摹刻成《时晴斋法帖》10卷；为刘墉摹刻《清爱堂帖》等。他还曾刻有《重刻淳化阁帖》。乾隆以后，宫廷刻帖逐渐减少。

因为有乾隆的提倡，《三希堂法帖》这部清代的宫廷刻帖，传拓较多，影响的广泛可以称得上是所有集帖中最大的。《法帖》中最有名气的仍是王羲之的《快雪时晴帖》，及王献之的《中秋帖》、王珣的《伯远帖》。

《快雪时晴帖》是传世的王羲之古摹法书中，最负盛名者之一。不少人认为它是仅次于"天下第一行书"《兰亭序》的又一件王羲之行书代表作。它纵高23厘米，横长14.8厘米，行书体，共4行，28字。《快雪时晴帖》是一封书札，其内容

黄庭坚书法：黄庭坚书法作品《书寒山子庞居士诗》。

王羲之《十七帖》：《十七帖》是王羲之草书代表作，内容是他所写的尺牍。因卷首有"十七"字故名。《十七帖》墨迹已佚，仅有摹刻本传世。

国宝的故事

173

是作者写他在大雪初晴时的愉快心情及对亲人的问候。此帖释文为：羲之顿首快雪时晴佳想安善未果为结力不次王羲之顿首山阴张侯。一般标点为：羲之顿首！快雪时晴，佳。想安善？未果为结力，不次。王羲之顿首。山阴张侯。

也有不同意如此标点的。王羲之等晋人日常通信时的语言跟今天的汉语本有较大的差距，况且又是书信，有很多不为外人所知的隐语、缩略语等，所以，不易解释，时代既久，标点、理解更难。

此帖有元赵孟頫、明王穉登等人题跋，他们都以之为真迹。即使是善于鉴别的明人张丑，也犯了糊涂，认为它是王羲之的真迹。进入清宫内府后，更为乾隆帝所赞赏，乾隆对它的真实性深信不疑。他对《快雪时晴帖》极为珍爱，在帖前写下"天下无双，古今鲜对"八个小字，"神乎其技"四个大字，又赞它为"龙跳天门，虎卧凤阁"；并称全书28字，字字珠玑，堪称"二十八骊珠"。实际上，它只是古代的一个摹本。根据宋代著名书法家米芾的记录，原本《快雪时晴帖》帖尾有古跋"君倩"字样及"褚氏"字印。今传《快雪时晴帖》，有题名而无"褚氏"印记。另外，宋代时，就有人认为原本《快雪时晴帖》用的是竹质纸，而竹纸出现得很晚。因此，专家们认为现在这本《快雪时晴帖》是一个古代摹本，不是王羲之真迹。

尽管不是真迹，但是，这幅行书作品，书势端庄，字体流利秀美，俊秀挺拔。赵孟頫曾称它为"天下第一法书"。在"三希"中，此帖也被列于首位。

根据此帖附页的诸多题跋款识、收藏印章以及有关书籍录载，《快雪时晴帖》曾经被收入宋宣和内府，还曾进入米芾的宝晋斋。元代时，再入御府。明朝时归朱成国、王稚登，清代归冯铨所有。清康熙十八年（1679年）时，又一次进入内府。1949年，国民党军队在内战中败北，退踞台湾，当时，他们除带走了大量黄金以外，还携走2972箱南迁文物中的部分文物。这部分却是故宫博物院文物中的精品，其中就有这本王羲之的《快雪时晴帖》。

《中秋帖》原帖为纸本，长28公分，宽12公分，据传为王献之尺牍，草书体，共3行22字，今藏北京故宫博物院。因原帖于"中秋"前有"十二月割至否"6个字，又名《十二月帖》。后来，这6字被割失了。此帖前后都有缺文，原为5行32字，后被割去两行十字，现在只剩下3行22字。原帖前有唐代大书法家褚遂良题签"大令十二月帖"6个字。《中秋帖》释文为：中秋不复不得相还为即甚省如何然胜人何庆等大军。释文今天仍然难以解读。可能这几十个字并不是一段可以释读的文章。

《中秋帖》书法连绵跌宕，有人比方帖中书字的运笔如同用铁筷子划灰，上下纵横连续一贯，看不出是从哪里开始，又是到哪里结束的。古人则尊敬地称之为"一笔书"，也就是一气呵成的意思。王献之也因为《中秋帖》在草书上创造的"一笔书"，被人称为"一笔书"之祖，《中秋帖》也对唐代狂草书的出现起到了先导作用。整个《中秋帖》，书法纵逸豪放，畅快淋漓，结体上具有俊爽流畅的感觉。

有人认为此帖并非王献之真迹，而是后人临摹的。因为书帖所用竹料纸，东晋时尚制造不出，约到北宋时方出现。另外，从行笔中可知，此本所用毛笔是柔软的无心笔，而晋朝使用的是有心硬笔，吸水性较差，笔的提、按、转折往往不能灵活自如，常出贼毫，不可能写出像此帖这种丰润圆熟、线条连贯、行气贯通、潇洒飘逸的艺术效果。

《伯远帖》为墨迹纸本，行书体，共5行，47字，现藏北京故宫博物院。在"三希"中，《快雪时晴帖》是唐朝摹本，《中秋帖》则可能为宋代临本，唯独这件《伯远帖》是货真价实的晋朝真迹，也是传世晋人墨迹中唯一具有名款的真迹。它是"三希"中唯一真正的"晋韵"，也是今天绝无仅有的晋人真迹，可以说是丰富的书法艺术历史遗产中的头等宝贝。

此帖是王珣致亲友的一封书函。王珣字元琳，小字法护，东晋琅琊(今山东临沂县)人。比起王羲之、王献之父子，似乎王珣的名头没那么大。实际上，他是"书圣"王羲之的族侄，出生在一个精于书法，几代不衰的名门望族。他的父亲王恰，祖父王导都善于书法，所以史称"三代以能书称"。王珣尤善行书，和其他魏晋名士一样，他的性格也潇洒古淡。相传他曾梦见

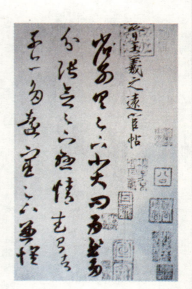

王羲之《远宦帖》：亦称《省别帖》，王羲之草书《十七帖》中的一封书信。《中国书法全集》对《远宦帖》的书法风格评价为"偏锋侧锋甚明显，体势多有章草意味"。

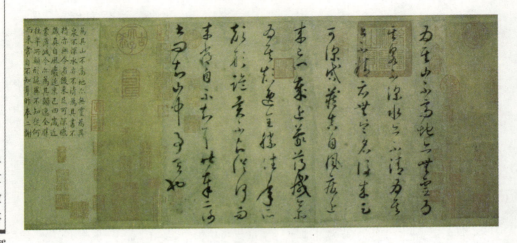

《论书帖》：唐代怀素书，辽宁省博物馆藏。

一人，授给他如椽一样的大笔，从此以后，他的书法技艺大为提高，自称："这是大手笔的书法。"人们熟悉的"大手笔"典故，即出于此。然而在当时，王珣之书名，还被他的弟弟王珉所掩盖，当时人评论道："法护非不佳，僧弥难为兄。"意思是，王珣的书法虽然不错，比起王珉仍然差上一截儿。遗憾的是，王珉的作品没有流传下来，今天，我们难以对其进行评价。

《伯远帖》行笔峭劲秀丽，自然流畅，是我国古代书法作品中的佼佼者。它的笔画写得比较瘦劲，结体较开张，特别是笔画少的字，更显得格外舒朗、飘逸。全帖用笔、结构，都是王氏家风。用笔上，更接近王献之的风格，都属于"外拓"型的用笔法，与王羲之"内敛"型的用笔有所不同。此帖透露着一种风流潇洒的气度，展现着一种贵族风范和高雅气质，颇有些"如升初日，如清风，如云如霞，如烟，如幽林曲洞"的晋人韵味。

王珣的《伯远帖》，在书法史上还有一个重要作用。通过这幅字，我们可以考察到当时人所用的毛笔与后世所用的毛笔有所不同。当时的毛笔硬度比后世的毛笔更高，更具弹性，所以，王珣的字，一点一画，都充满弹性，这都是笔硬的结果。另外，当时的毛笔，可能并不太"圆"，有点儿接近方形，甚至像刷子一样，所以写出的笔画，特别方整。

《快雪时晴帖》和《中秋帖》《伯远帖》的背后

都蕴藏着一个个艰辛而又富有传奇色彩的故事。《快雪时晴帖》的故事上文已述。《中秋帖》曾经为两宋代宫廷内府收藏，明代时归项元汴，清代时与王珣《伯远帖》一起被内府收入宫廷。

辛亥革命以后，清室覆亡，但当时的北洋政府给逊帝溥仪优惠政策，这位末代皇帝仍可以自由出入宫廷内外。他便和弟弟溥杰商议，以赠赐之名把《伯远》、《中秋》二帖由溥杰携带出逃。二帖被带出后，藏在天津张园，后来，溥仪去东北任伪"满洲国皇帝"时又把它们带到了满洲。1937年，二帖又被售予袁世凯的差官郭葆昌。郭氏是一位古玩商，常将书画、名瓷卖出海外，牟取厚利。这件事情让张伯驹先生知道了，张具有强烈的文物保护意识，为了避免"二希"流落海外，他请惠古斋的柳春农居间，愿以高价收购"二希"。事情本来也还算顺利，只是郭氏要求搭卖李白《上阳台帖》、唐寅《孟蜀宫妓图》轴等，议价20万元，先付6万，余款以一年为期结清。不料当年夏天，卢沟桥事变，银行金融冻结，余款至次年不能付清，张氏无奈，只能将"二希"退还给郭氏。

抗日战争胜利后，郭葆昌去世了，张伯驹又向郭氏之子郭昭俊重提旧事。对方要价黄金1000两，而且不还价。双方往返磋商，一直未能达成协议。后来，郭昭俊曾想将"二希"向宋子文行贿，以谋得中央银行北京分行襄理的职务，但是引起了文艺界、新闻界正义之士的强烈不满，也未能如愿。1949年，北平即将解放，郭昭俊从上海取出"二希"，携逃到香港，后又转至台湾。

中华人民共和国成立后，政府十分重视文物的收藏，周恩来总理曾亲自过问二帖回归的事情。当时，郭昭俊住在香港，并已经将"二希"抵押在英国某银行，国宝流落海外似乎已成定局。大陆有关部门千方百计、不惜一切代价，终于将这两件无价的稀世国宝，重新收回，入藏故宫博物院。如今"三希"的《伯远帖》、《中秋帖》存于北京故宫博物院，而另"一希"《快雪时晴帖》由国民党带到台湾后，被珍藏于台北故宫博物院。曾经同藏"三希堂"的"三希"至今尚未聚首，这实在是令国人深以为憾的事情。

《四库全书》

《四库全书》是我国现存最大的一部官修丛书，是清乾隆皇帝诏谕编修的我国乃至世界最大的文化工程。

说到《四库全书》的编纂，还必须从乾隆三十七年（1772年）颁发的一道征书谕旨说起。乾隆不仅是中国历史上统治时间最长的皇帝，也是历史上最为长寿的皇帝，同时，他也是历史上少有的"武功文治"全都具备的"十全"皇帝。他喜好诗词字画，对散佚民间的文献书籍也非常感兴趣。此前，他曾发布过两道征书诏令，希望能够将天下的书籍善本悉数纳入皇家内库。但是，他的诏令似乎没有收到明显的效果。前两次一样如同泥牛入海，一点反响也没有。这不，他只好又下了第三次诏令，诏令各地督抚访求书籍，献与朝廷。不过，这次诏令仍然是一石沉海，没有回响。直到诏令颁发十个月后，才有贵州巡抚发来一纸姗姗而迟奏折，报称该地地居山僻，没有什么书籍可求。乾隆帝大为恼火，严厉责令各省督抚，尤其是藏书丰盛的江浙地区的督抚大吏，要求他们立即奏报访书的情况。就在此时，安徽学政朱筠上书提出访书校书的建议，并指出清廷所藏《永乐大典》收有不少当时民间已经失传的珍贵典籍，请求朝廷派专人进行辑录。

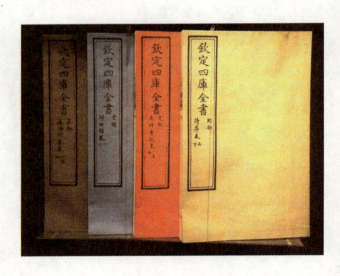

《钦定四库全书》：《钦定四库全书》，清乾隆帝敕令编修的大型丛书，分经、史、子、集四部，共44类，收书3503种，约8亿字，收录先秦至乾隆前期的重要古籍。北京首都博物馆藏。

翰林官员查核《永乐大典》后，发现确如朱筠所言，乾隆于是下令从《永乐大典》中辑校珍稀典籍。由此，乾隆还决定将所有的书籍集中起来，包括在全国各地广泛征集的图书，采购社会上流传的通行图书，挑选清内廷收藏的图书，再加上从《永乐大典》中辑出来的珍本善本，把它们全部汇集起来，编成一部大书。

乾隆三十八年（1773年），朝廷设置"四库全书处"，后又沿袭清代开馆修书的惯例称为"四库全书馆"。这也标志着四库全书正式开修。书馆开张后，乾隆任命皇室亲王、他的第六子永瑢与永璇、永瑆等，与大学士兼军机大臣刘统勋、于敏中为最高执行官即总裁，负责总理馆内一切事宜。皇子与朝廷重臣亲任总裁，表示乾隆对编修《四库全书》非常之重视。总裁之下又设总纂官，总揽编纂的各项事宜，由纪昀、陆锡熊、孙士毅等博古通今、众望所归的大学者担任。其中，陆锡熊和孙士毅虽曾任总纂官，但孙士毅任职时间短暂，而陆锡熊不仅入馆较晚，且英年早逝，所以，只有纪昀一人始终参与总纂之事，并且享受到了最后成功的欣喜。在总纂之下又设有总阅官、总校官总管各书的审定工作。总纂官下设纂修官400余人，分管具体书籍的编纂、审定以及辑佚、编写提要、查勘违碍书籍等。这些职务都由翰林院和全国的著名学者担任。此外，还设有督催官，分管督促编书、抄书工作。当时的名人学士，如戴震（汉学大师）、邵晋涵（史学大师）及姚鼐、朱筠等都参与了进来。据统计，先后任职四库全书馆并正式列名的朝廷官员和文人学者达3600人之多，由于有诸如纪昀、戴震、王念孙等饱学之士的加盟，四库全书馆成了汇聚知识精英、引领学术风气的重要场所。同时，书馆还征募了抄写人员近4000人，鸿才硕学荟萃一堂，艺林翰海，堪称盛况空前。

正式编修开始了，整个《四库全书》的编纂工作，根据所采纳书籍的不同情况，主要分为三大块。一是对《永乐大典》的辑佚，即在《永乐大典》中辑出已经散失了的古书，编入《四库全书》。二是对朝廷内府书籍的处理，即纂修官对清朝前代皇帝下令编纂的各种书籍以及宫内收藏的图书进行校阅修改，编入《四库全书》。这项工作，一直持续到乾隆末年才基本完成。

国宝的故事

三是对各地进献书籍的校阅，即将各地进献的书籍进行校阅，然后编入《四库全书》。由于皇帝亲自鼓励各地藏书家献书，所以各地献书很多。江浙一带的藏书名家纷纷将家中所藏的珍本善本进献朝廷。仅江苏扬州盐商马裕一人，就进献了家藏珍本776种，而浙江宁波天一阁主人范懋柱也献书602种。最后，共征集到各种图书13501种。如此，这一部分是所有工作中量最大也最繁复的部分。

所有入编的图书，都有一个统一的取舍标准，根据乾隆帝的旨意分为应刊书籍、应抄书籍、应存书籍。凡流传稀少的珍贵古书和特别有学术价值的书籍，列入"应刊"范围，共计收书138种，这就是后来的《武英殿聚珍版丛书》。那些在各个学科领域具有学术价值，或者有益于实用的书籍，以及虽有不足但瑕不掩瑜的书籍，则被列入"应抄"范围。这两类书籍都要送到缮书处统一抄写成册。抄写之后，还要与原本反复校勘，以免讹误。《四库全书》的抄录与校勘，是全书编纂过程中持续时间最为长久、花费人力物力最为巨大的工作。

整部《四库全书》，从开始编修算起，前后共花了10多年的时间，如果算上抄写，则大约20年的时间。全书修成后，由于工程浩大，未能刻印，全由手工誊抄，共计36000余册，79000余卷，1600多万页，约10亿字，相当于明代《永乐大典》的三倍半。如果将《四库全书》每一页纸张摊开，逐一相接，其长度可绕赤道一又三分之一圈！史书上曾记载了这样一个小故事，宋太宗特别喜欢当时编纂的一部丛书《太平总

《四库全书》：清乾隆间文渊阁钞本。

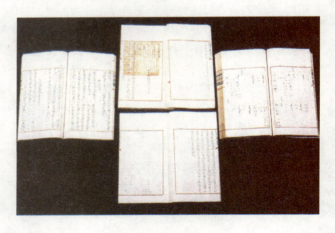

类》，把它列入阅读的书单，决定日览三卷，一年读完。这本书也因此更名《太平御览》。一天三卷，就是大约3万多字。可以肯定，按照宋太宗的读法，要用26446天，也就是72年又5个半月，才能读完《四库全书》。事实上，从问世至今，还没有一个人能够从头到尾读完这10亿字的鸿篇巨著。因而人们把它与万里长城、大运河并列为中国三大工程。

全书分经、史、子、集四部。书籍按经、史、子、集四类划分始自西晋，隋唐以后的皇家图书馆及一些重要的藏书之所，都是按照经、史、子、集分四库贮藏图书的，名为"四库书"。乾隆开馆时，就已经命名为"四库全书馆"，因此，全书成编时，名称也为《四库全书》。这是《四库全书》得名的由来。

考虑到这部书囊括古今，数量繁多，总裁们提出以不同颜色的书衣装潢经、史、子、集书籍。他们根据春、夏、秋、冬四季，分别采用四种不同的颜色进行装潢，用绿色装经部，红色装史部，月白色装子部，灰黑色装集部，这样，全书变得更便于检阅。全书收书3503种，存目书籍6793种，相当于同时期法国狄德罗主编《百科全书》的44倍。清乾隆以前的中国重要典籍，许多都收载其中。由于编纂人员都是当时的著名学者，因而代表了当时学术的最高水平。

因为《四库全书》卷帙太繁，翻阅不易，乾隆帝谕令编一部只记载书名、卷数、年代、作者姓名，便于学者检索的目录性图书。于是，总纂官纪昀、陆锡熊等人遵照乾隆帝的谕令，将抄入《四库全书》的书籍，依照经史子集四部分类，逐一登载，编成20卷左右的简编本《四库全书总目》。

《四库全书》编成后，乾隆当即下令誊抄7部，分别藏在紫禁城内的文渊阁、盛京（今沈阳）宫内的文溯阁、北京圆明园的文源阁、承德避暑山庄的文津阁，这是北四阁，又称为内廷四阁，仅供皇室阅览。因为江南人文荟萃，为了显示皇恩，也为了让江南士子能够比较方便地查阅，所以，另外三部分别藏于扬州的文汇阁、镇江的文宗阁、杭州的文澜阁，即浙江三阁，又称南三阁，南三阁允许文人入阁阅览。

可以说，《四库全书》的修成得益于当时安定繁荣的康乾盛世。当时的中国是世界上最发达的国家之一，经济总量居世界之首。繁荣的经济、富庶的国家为《四库全书》的纂修提供了足够的财力支撑。没有康乾盛世强大的经济实力作后盾，耗资巨大的《四库全书》根本不可能顺利完成。当时，三藩已定，边疆乱平，台湾收复，沙俄被驱，整个国家幅员辽阔，社会安宁，文治武功都达到了巅峰，这也给《四库全书》的纂修提供了坚实的政治保障。同时，随着清王朝统治的稳定，满汉文化由冲突而走向合流。"崇儒重道"成为基本国策，全国上下学术兴旺，形成了对传统学术进行全面整理和总结实学特色。《四库全书》的纂修正是对这种学术潮流的顺应与回响。

但是，全书修成后，清朝也开始了它由盛转衰的过程。由盛而衰的国运也影响了《四库全书》的收藏与保存。自它完成至今的两百年，正是中国动乱频仍的年代，《四库全书》也免不了要饱经沧桑，多份抄本在战火中被毁。1853年太平军攻至扬州，文宗阁、文汇阁藏本遭兵火焚毁，基本荡然无存。1860年英法联军攻占北京，火烧圆明园，其中的文源阁本也同时被焚毁净尽。杭州文澜阁藏书楼的命运似乎略微好一些。1861年，太平军第二次攻占杭州，藏书楼倒塌，所藏《四库全书》散落民间，一时间，街头巷尾包核桃、瓜子的纸张竟都是《四库全书》的宣纸。一对丁氏兄弟战后回到

承德避暑山庄文津阁：仿浙江宁波天一阁而建，阁内原藏《四库全书》和《古今图书集成》各一部，是清代四座皇家藏书楼之一。

杭州城，见到如此经景，当即投入紧张抢救《四库全书》的工作之中。他们四处寻找、花钱购买、收拾、整理、补抄，终于抢救回原书的四分之一。民国时期，文澜阁本又有一次大规模的修补，目前大部分内容已经恢复，现收藏于杭州市浙江省图书馆。

因此，《四库全书》今天只存4部，其中文渊阁本，是最先抄成的版本，也应该是最珍贵的《四库全书》版本，原藏于北京故宫博物院。1948年，国民党政府撤离大陆，前往台湾，将故宫博物院的一些珍贵藏品运往台湾时，将文渊阁《四库全书》悉数带到了台湾。现在，文渊阁《四库全书》藏于台北故宫博物院。保存在沈阳故宫文溯阁中的《四库全书》是全部七部中的第二部。1922年，它险些被卖给日本人。1966年，在中苏关系紧张的局势下，因备战的需要，文溯阁本被秘密运抵甘肃兰州，藏于山中，后藏于甘肃省图书馆。文溯阁本是《四库全书》各本中，现存唯一一套"书""阁"俱在的版本。最近，辽宁有关人士正要求甘肃方面归还文溯阁本，以求"书阁合璧"。甘肃方面也在修建藏书楼，加强保护。文溯阁《四库全书》其最终归属仍未定。

文津阁坐落承德避暑山庄西北部南山积雪脚下，系仿浙江宁波天一阁而建。文津阁本应该是目前保存最好的版本，现藏中国国家图书馆。

民国初期，商务印书馆影印了《四库全书珍本初集》。台湾商务印书馆影印出版了文渊阁本《四库全书》。1999年，上海人民出版社以及香港中文大学分别出版发行文渊阁本《四库全书》电子版。眼下，大陆方面已经通过论证，准备出版文津阁影印本。

版本公开了，《四库全书》这昔日的皇家禁品，今朝人人可以观看、阅读、查询，它的确给我们的研究提供了大量的资料，带来了极大的方便。但是，随着研究的公开，人们也发现，修纂《四库全书》这一巨大的文化工程，也存在着许多的问题。

《四库全书》修纂时期，正值文化高压政策达于极端的雍乾时期。当时，文网严密，文字狱迭兴，在《四库》纂修开馆后的15年里共发生文字狱48次之多。在这种文化高压政策下，《四库全书》的修纂在

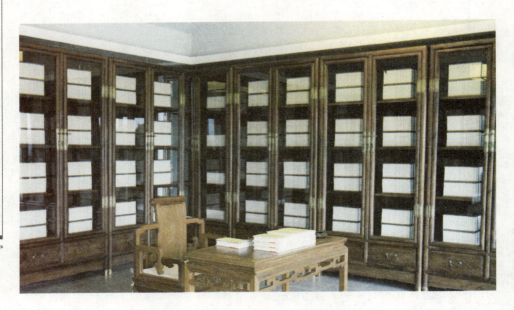

《四库全书》藏书与书橱：
福建武夷山瑞泉茶博物馆。

保留文化的同时，也摧残和洗劫了文化。乾隆借"修书"之名大量毁去一些书籍，凡是他认为有不利于清朝统治的，以及"不合教化"的书，都被予以焚毁。仅乾隆三十九年到四十七年间，就毁书24次、538种、13862部。在《四库全书》纂修期间，历代典籍遭全毁或抽毁的共达3100多种、151000余部，销毁书版亦达8万块以上。据统计，被乾隆焚毁的书籍总数是：全毁书目2453种，抽毁书目402种，销毁书版50种，销毁石刻24种。稍作对比，人们就可以发现，四库开馆10多年中，被销毁的图书总数甚至是《四库全书》总数的10倍。

乾隆编修《四库全书》其实有他的政治目的。因为清军是以异族的身份进入中原的，汉族知识分子当然不愿与他们合作。这些知识分子或隐居不仕，或著书立说，怀念着逝去的故国与文化传统。其中，像《扬州十日》、《嘉定三屠》等书，甚至真实地记载了清兵南下时对汉人残酷的大屠杀。这些书在民间秘密流传不止，还有一些反清的诗文、野史、笔记之类的书籍也散布流传在民间。它们的数量就更加不好估计了。清代大兴文字狱，正是出于这一原因。编修《四库全书》也为清朝廷焚毁书籍提供了公开的、堂而皇之的理由。所以，《四库全书》的编修虽然保存了不少的文献资料，也毁损了不少的文献。有些书，今天已经彻底地失传了。因此，有学者认为"四库"出而古书亡，还是有一定的道理的。

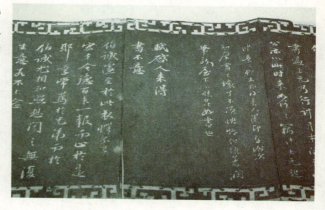

《四库全书》尽管是重要的文献资料，可是学者们却不太乐意使用它。为什么呢？原来，它的差错特别多，错字、别字并不少见。为什么会造成这样的局面呢？说来可笑，还是因为乾隆。这位乾隆皇帝非常虚荣，总以能够亲自发现臣下的错处为乐。《四库全书》抄成后，他自然要亲自校阅。对他而言，最大的乐趣莫过于在书中找到错字，以显示自己的天纵圣明。那些编纂的官员们深深懂得皇帝的心思，也精于邀宠之道，于是，就让抄手们故意留下一些错字，以让皇帝过过找错儿瘾。然而，《四库全书》毕竟过于巨大，乾隆连一遍都看不完，怎么能够找出全书的错别字与讹误呢。反正，全书自此留下了较多无人改正的讹误。

三希堂法帖卷十苏轼《新岁展庆》：民国时期拓，河南安阳中国文字博物馆。

不过，《四库全书》毕竟是中国历史上最大的一部丛书，它囊括了从先秦到清代乾隆以前的主要典籍，涵盖了中国传统学术文化的各个学科领域。全书的主要主持者对书的质量还是非常负责的。作为总纂的陆锡熊甚至因重校文溯阁《四库全书》心力交瘁，而死于任上。另一总纂纪昀更是硕学大家。他在四库馆修书10年，自始至终，没有半点儿空闲的休息，正如他的诗所写的："汗青头白休相笑，曾读人间未见书。"人们对他们严谨的态度、渊博的学识非常之钦佩，他们永远是中国学术文化的丰碑！

图书在版编目（CIP）数据

国宝的故事 / 程方勇著. —石家庄：河北人民出版社，
2014.5（2020.12 重印）
（人文故事丛书）
ISBN 978-7-202-08472-4

Ⅰ．①国… Ⅱ．①程… Ⅲ．①历史文物–中国–通俗
读物 Ⅳ．①K87-49

中国版本图书馆 CIP 数据核字（2013）第 309708 号

丛 书 名	**人文故事丛书**
书　　名	**国宝的故事**
著　　者	程方勇
选题策划	王苏凤
责任编辑	贺秀红
美术编辑	李　欣
封面设计	武　德
责任校对	付敬华　余尚敏
组　　稿	北京新浪大江流文化传播有限公司
出版发行	河北出版传媒集团　河北人民出版社
	（石家庄市友谊北大街 330 号）
印　　刷	河北东方欲晓印务有限公司
开　　本	787 毫米×1092 毫米　1/16
印　　张	12.25
字　　数	165 000
版　　次	2014 年 5 月第 1 版　　2020 年 12 月第 2 次印刷
书　　号	ISBN 978-7-202-08472-4
定　　价	39.80 元